0〜5歳児 ごっこあそび アイディアBOOK

はじめに

「○○ごっこしよう！」という言葉のやりとりが始まると「何ごっこが始まったのかな？」と保育者は思います。子どもたちのようすを見守りながら、どのように進んでいるのか、友達との関係性は、環境は、どんな役になりきって表現しているのか…などさまざまな観点から子どものあそびに着目します。しかし、「ここからどうやって進めていけぱいいのだろう？」または「毎回同じことをしていて、一部の子どもが違うあそびに気を向けている」などと感じたことはないでしょうか？ 保育者がすべてを援助するのは子どもの世界観の妨げになってしまう可能性があります。でもそのままにしておくのはちょっと…、そのように感じてしまいますよね。

本書では、テーマごとにごっこあそびのアイディアやあそびの広がりを載せています。「このアイディア頂き！」でもOK。自分のクラスや、グループに合ったあそびの方法を見つけ、さらに楽しく展開。そしてすべての子どもがあそびの中で笑顔になれるように皆さんの保育にお力添えできる、そんな内容になっています。
さぁ、子どもたちの楽しいごっこあそびの世界をどんどん広げていきましょう！

著者　小倉和人

ひかりのくに

本書の見方と使い方

本書では、あそびのバリエーションとして、ごっこあそびを楽しむためのアイテムやその作り方の一例を紹介しています。子どもたちから出る「○○がいる！」という声や、「どうやって作る？」などいっしょに考えながら…、時には、あなたの「こんなものがあったら楽しいかも！」という発想から…！ 子どもたちといっしょに、ごっこあそびをどんどん広げて、存分に楽しんでください！

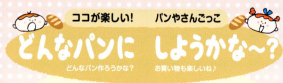

ココが楽しい！ パンやさんごっこ どんなパンにしようかな～？

どんなパン作ろうかな？ お買い物も楽しいね♪

子どもたちの楽しいポイントから、どんどん広がるごっこあそびのバリエーションを紹介しています。目の前の子どもたちの「たのしい！」を見つける参考にしてください。

0 1 2 3 4 5 歳児

あそびの目安の年齢を示しています。

保育のプチ講座

保育の視点から「イイネ～！」を解説するプチ講座です。子どもの育ちやごっこあそびの深まりを紹介しています。

イメージがふくらむ！ かかわりのコツ

ちょっとした工夫で、子どもたちのイメージがどんどんふくらむ、保育者の見守りのポイント・環境構成・ことばがけの例を紹介しています。子どもたちから、思いもよらなかった楽しい発想が出てくるかもしれませんね！

行事へのヒント たっぷり楽しんだ子どもたちに

作品展や発表会、運動会など、行事への具体的なヒントを紹介しています。このヒントを参考に、毎日のごっこあそびから、行事へ展開してみてはいかがでしょうか。

3大行事もごっこあそびから…!!

P.74～75では、ごっこあそびから行事への展開をマンガでわかりやすく紹介。毎日のごっこあそびから広げるからこそ、さらに子どもたちのイキイキした姿が見られる行事になるのではないでしょうか。

プロローグ①　子どもも！保育者も！　イキイキ楽しい★

ごっこあそびを楽しむ3つの秘訣（ひけつ）！

子どもたちはごっこあそびが大好き！　でも、保育者として、子どもたちのごっこあそびにどうかかわったらいいのだろう……？　なんてお悩みではないですか？
そんなあなたに、子どもたちといっしょにごっこあそびをどっぷり楽しむための秘訣を紹介します！

秘訣 1　なりきれる環境づくりをしよう！

環境を整えることはとても重要です。特にごっこあそびは、ちょっとしたアイテムや空間づくりでイメージがぐんとふくらみます。

子どもたちが思わずかかわりたくなるような、そんなごっこあそびのきっかけづくりとして最低限必要なものを、手に取りやすい場所に準備するのがいいですね。

秘訣 2　保育者は見守りがいちばん!!

子どもたちの姿を見守っていると、さまざまな関係性が見えてきます。どこかぎこちなさを感じたり、スムーズにあそびが進まなかったりするときもあります。

そのようなときは本書で紹介しているような、あそびが広がるアイテムを考えてみたり、これからどのようにしていきたいのか、あそびの内容を子どもたちと話し合って決めたりするのもいいでしょう。

ごっこあそびを楽しむ秘訣は子どもの姿にアリです。

秘訣 3　子どもの興味・関心のチェック！！！

ごっこあそびを夢中で楽しんでいるときに、子どもたちがどの部分にいちばん興味を持っているのかを探ることが大切です。

保育者本意であそびを進めては、子どもの活動意欲が減退してしまいます。必ず興味・関心を引くものがあると思うので、その部分を展開していくといいです。

プロローグ②

よくわかる 年齢別 ごっこあそび解説

子どもたちの発達によって、ごっこあそびの楽しいポイントは変わってくるものです。ここでは、ごっこあそびを楽しむ具体的な姿や、保育者のかかわりのヒントを、年齢別にまとめています。あなたのクラスのごっこあそびを考えるヒントにしてください。

0歳児 生活こそがすべて！

穏やかな雰囲気の中で大好きな先生といっしょに過ごすことが多い0歳児クラス。ごっこあそびを！ と難しく考えずに、絵本に果物が出てくれば食べるまねっこをしたり、動物が出てくれば「ワンワン」と言って指さしたり……。そんな経験を繰り返すことが、とっても大切です。

また、異年齢児がお店やさんなどで楽しんでいる雰囲気を味わったり、そのごっこあそびでお世話をしてもらったりするなど、異年齢児といっしょに過ごす時間を持つことも大切です。

ひとりひとり楽しむポイントの違いはありますが、「あっ、お兄ちゃんたち何かに変身しているね」など言葉をかけて楽しむのもいいでしょう。

1歳児 日ごろのあそびを満喫しよう！

ふだんのあそびが、どれも見たてあそびやごっこあそびにつながっています。何か特別なことをするのではなく、ふだん、ひとりひとりが興味を持って取り組んでいるあそびこそ、何度も繰り返し、満足のいくまですることが大切です。

子どもたちの中につながりがあるからこそ、何度も繰り返し遊ぶのですね。

ふだんの保育や生活の中で、十分に満喫する時間をつくりましょう。

2歳児 みんなで遊ぶと楽しいね！

平行あそびが主流ですが、時にはみんなで遊ぶことも楽しむ年齢です。

テーブルやお皿などがあればしぜんに「ごはんつくってるの」とままごとが始まります。

安心と信頼関係を深めている保育者がそばにいたり、交じって遊んだりするだけで楽しめることがいっぱいあるでしょう。そのように、みんなで楽しんで遊べる子どもたちの世界観をつくることができればいいですね。

3歳児 同じことの繰り返し！でもそれがおもしろい！

遊んでいて「たのしい！ おもしろい！」と感じるのは、子どもたちの年齢にあそびが合っているということです。

簡単なルールで理解しやすく、共通のイメージがつきやすい内容だと、「たのしい！ おもしろい！」と感じ、「またしよう！」と繰り返し求めてきます。

ひとつのあそびの繰り返しもさることながら、そのあそびに含まれるおもしろい動きなどを何度も繰り返すという姿も見られます。

そのような細かな積み重ねとあそびの展開で「またしよう！」と子どもの気持ちが動くのです。

4歳児 友達とのやりとりがワクワクする！

自分の思いを言葉や動きで表現できるとうれしいですね。あそびの中で基本的なルールというものが子どもたちの中にもあると思いますが、理解していても、お店役が楽しくて「たくさんうっちゃった！」「もうのこってない！」となってしまうことも……。

しかし、子どもたちは楽しいのです。ワクワクしながら遊んでいます。少しの失敗を経験するからこそ、子どもは成長していくものです。

子どもたちの遊ぶ姿を見つめながら、「こども」を見つけだしてください。ほんとうに楽しいと思います。

5歳児 いろいろな場面でリーダーシップを発揮！

年長児の輪の中では、自分の思いをあまり主張しない子どもでも、お店やさんごっこなど異年齢児とかかわりを持つ場面では、自分の力を発揮するものです。

ふだん、言葉数の少ない子どもでも大きな声を出してお客さんを呼んだり、品物を準備したりと、さまざまな場面で子どもたちの成長がわかります。

保育者として、ごっこあそびをきっかけに子どもたちが大きく成長できるよう、十分に配慮できればいいのではないでしょうか。

さあ！ ごっこあそびを楽しもう！

0〜5歳児 ごっこあそび アイディア BOOK

CONTENTS

はじめに ……………………… 1
本書の見方と使い方 ……………………… 2
プロローグ①子どもも！　保育者も！　イキイキ楽しい★
　　　　　　ごっこあそびを楽しむ３つの秘訣 ……………………… 3
プロローグ②よくわかる 年齢別 ごっこあそび解説 ……………………… 4

第1章　身近なせいかつ編 ……… 12

ままごと ……………………… 14

- 便利なキッチン道具 ……………… 0 1 **2 3 4** 5 歳児　14
- ままごと空間 ……………………… 0 **1 2 3 4** 5 歳児　14
- たきたてごはん …………………… 0 1 **2 3 4 5** 歳児　15
- なが〜い麺 ………………………… 0 1 **2 3 4 5** 歳児　15
- お世話大好き！赤ちゃん ………… 0 **1 2 3 4** 5 歳児　16
- ざっくりザクザク ………………… 0 1 **2 3 4** 5 歳児　16
- ハンカチ・エプロン ……………… 0 **1 2 3 4** 5 歳児　16
- マルチな道具 ……………………… 0 **1 2 3 4** 5 歳児　16
- なんでもレンジ …………………… 0 1 **2 3 4** 5 歳児　17
- ハンドメイドハウス ……………… 0 1 **2 3 4** 5 歳児　17

いきものごっこ ……………………… 22

- はじめのいっぽ・よ〜く見てみよう！ 0 1 **2 3 4 5** 歳児　22
- へ〜んしん！！ …………………… 0 1 **2 3 4 5** 歳児　22
- なりきりまねっこ ………………… 0 **1 2 3 4** 5 歳児　23
- なりきりへんしんヨ〜イドン！ … 0 1 **2 3 4 5** 歳児　24
- 絵を描いてみよう！ ……………… 0 1 **2 3 4 5** 歳児　24
- ラッコゲーム ……………………… 0 1 **2 3 4 5** 歳児　25
- こんないきものいるかな〜？？ … 0 1 2 **3 4 5** 歳児　25

のりものごっこ ……………………… 18

- 絵本・歌から ……………………… **0 1 2 3 4 5** 歳児　18
- 肩ポンでんしゃ …………………… 0 **1 2 3 4 5** 歳児　18
- 見たててのりもの ………………… 0 **1 2 3** 4 5 歳児　18
- かんたんハンドル ………………… 0 **1 2 3 4** 5 歳児　18
- なりきり帽子 ……………………… 0 1 **2 3 4** 5 歳児　18
- トイレにしゅっぱつ ……………… **0 1 2 3** 4 5 歳児　19
- 線路がつづくよ …………………… 0 1 **2 3 4** 5 歳児　19
- きっぷっぷ ………………………… 0 **1 2 3 4 5** 歳児　19
- 作ろう段ボール列車 ……………… 0 **1 2 3 4 5** 歳児　19
- あっちコッチくるま ……………… 0 1 **2 3** 4 5 歳児　20
- 車に乗ってドライブGO！ ……… 0 1 **2 3** 4 5 歳児　20
- ジャンケン列車 …………………… 0 1 2 **3 4 5** 歳児　21
- 電車が出発しま〜す！ …………… 0 1 2 **3 4 5** 歳児　21

CONTENTS

第2章 なりきりへんしん編 …… 26

★あこがれのおしごと

郵便やさんごっこ …… 28
- ポストにポットン …… 0 1 2 3 4 5 歳児 28
- どこどこポスト …… 0 1 2 3 4 5 歳児 28
- ハガキをつくろう！ …… 0 1 2 3 4 5 歳児 28
- 切手をペッタン！ …… 0 1 2 3 4 5 歳児 28
- ステキな切手やさん …… 0 1 2 3 4 5 歳児 28
- ○○ちゃんお手紙です！ …… 0 1 2 3 4 5 歳児 29
- 消印ハンコは預かりマーク …… 0 1 2 3 4 5 歳児 29
- なりきりグッズ …… 0 1 2 3 4 5 歳児 29
- ホントに送っチャオ！ …… 0 1 2 3 4 5 歳児 29
- ありがとう大作戦！ …… 0 1 2 3 4 5 歳児 29

お医者さんごっこ …… 30
- ピッピッ わるいところはありませんか？ …… 0 1 2 3 4 5 歳児 30
- おねつはかりましょ！ …… 0 1 2 3 4 5 歳児 30
- よくなるびょういん …… 0 1 2 3 4 5 歳児 30
- チックンするよ～ …… 0 1 2 3 4 5 歳児 31
- なりきりグッズ …… 0 1 2 3 4 5 歳児 31
- おくすりどうぞ …… 0 1 2 3 4 5 歳児 32
- 視力検査 これな～んだ？ …… 0 1 2 3 4 5 歳児 32

消防士ごっこ …… 33
- なりきりグッズ …… 0 1 2 3 4 5 歳児 33
- ウ～ッカンカンカンカン！ …… 0 1 2 3 4 5 歳児 33
- 緊急出動！119 …… 0 1 2 3 4 5 歳児 33

博士ごっこ …… 34
- 不思議探検にレッツゴー！ …… 0 1 2 3 4 5 歳児 34
- かげカゲくろかげ …… 0 1 2 3 4 5 歳児 34
- ゆらゆらきれい …… 0 1 2 3 4 5 歳児 34
- どろみず変身！？ …… 0 1 2 3 4 5 歳児 34
- いろいろブクブク泡 …… 0 1 2 3 4 5 歳児 35
- コンコン聞こえる？ …… 0 1 2 3 4 5 歳児 35
- 紙コップで音集め …… 0 1 2 3 4 5 歳児 35
- 不思議なセロハンビーム …… 0 1 2 3 4 5 歳児 36
- ティッシュでボ～ン！！ …… 0 1 2 3 4 5 歳児 36
- 輪ゴムペンペン！ …… 0 1 2 3 4 5 歳児 36

★ワクワクファンタジー

おばけごっこ …… 37
- おばけ妖怪 ゴ～スト！ …… 0 1 2 3 4 5 歳児 37
- めんたまおばけ …… 0 1 2 3 4 5 歳児 37
- おばけのファッションショー …… 0 1 2 3 4 5 歳児 37
- デカボチャおばけ …… 0 1 2 3 4 5 歳児 38
- フランケンシュタイン …… 0 1 2 3 4 5 歳児 38
- 魔女っこ …… 0 1 2 3 4 5 歳児 38
- ダンディードラキュラ …… 0 1 2 3 4 5 歳児 39
- デカぐちおばけ …… 0 1 2 3 4 5 歳児 39

忍者ごっこ …… 40
- 忍者の秘密道具！ …… 0 1 2 3 4 5 歳児 40
- なりきりグッズ …… 0 1 2 3 4 5 歳児 40
- 物まねの術 …… 0 1 2 3 4 5 歳児 40
- サッとピタッ！忍者ポーズ …… 0 1 2 3 4 5 歳児 41
- 壁ならびの術 …… 0 1 2 3 4 5 歳児 41
- さっさー走りの術 …… 0 1 2 3 4 5 歳児 41
- 忍び足の術 …… 0 1 2 3 4 5 歳児 41
- 島渡りの術 …… 0 1 2 3 4 5 歳児 42
- 隠れみのの術 …… 0 1 2 3 4 5 歳児 42
- 手裏剣しゅっしゅしゅ～っ！の術 …… 0 1 2 3 4 5 歳児 42
- 忍者屋敷つくっちゃお！ …… 0 1 2 3 4 5 歳児 43

おはなしごっこ …… 44
- おはなしあそび …… 0 1 2 3 4 5 歳児 44
- 動物なりきりグッズ …… 0 1 2 3 4 5 歳児 44
- パパ＆ママ …… 0 1 2 3 4 5 歳児 44
- なりきり王子様とお姫様 …… 0 1 2 3 4 5 歳児 45

0〜5歳児 ごっこあそび アイディア BOOK
CONTENTS

第3章 お店やさん編 …… 46

★おいしいたべものやさん

🍰 ケーキやさんごっこ …… 48
- 手作りケーキ バリエーション …… 0 1 2 3 4 5 歳児 48
- なりきりグッズ …… 0 1 2 3 4 5 歳児 49
- みんなのケーキやさん …… 0 1 2 3 4 5 歳児 49
- チラシでおしらせ！ …… 0 1 2 3 4 5 歳児 49
- わぁ〜、おっきいケーキ！ …… 0 1 2 3 4 5 歳児 50
- こねこねさくさくクッキー …… 0 1 2 3 4 5 歳児 50

🥖 パンやさんごっこ …… 54
- 超かんたん蒸しパンケーキ！ …… 0 1 2 3 4 5 歳児 54
- いろいろな素材で作ってみよう！ …… 0 1 2 3 4 5 歳児 54
- 粘土でこねこねパン作り！ …… 0 1 2 3 4 5 歳児 55
- なりきりグッズ …… 0 1 2 3 4 5 歳児 55
- ぱんぱんパンやさん …… 0 1 2 3 4 5 歳児 55

🍣 おすしやさんごっこ …… 56
- ポーズでおすしごっこ …… 0 1 2 3 4 5 歳児 56
- こねこね粘土で作ろう！ …… 0 1 2 3 4 5 歳児 56
- いろいろな素材で作ってみよう！ …… 0 1 2 3 4 5 歳児 56
- なりきりグッズ …… 0 1 2 3 4 5 歳児 57
- GO！GO！おすしぶね …… 0 1 2 3 4 5 歳児 57

🥤 ジュースやさんごっこ …… 51
- おいしいジュースはいかがですか〜？ …… 0 1 2 3 4 5 歳児 50
- まぜまぜジューサー！！ …… 0 1 2 3 4 5 歳児 51
- カップ製作所 …… 0 1 2 3 4 5 歳児 51
- ジュースけん かってください！ …… 0 1 2 3 4 5 歳児 51

🍬 だがしやさんごっこ …… 52
- みんなのだがしやさん …… 0 1 2 3 4 5 歳児 52
- いろいろおかし …… 0 1 2 3 4 5 歳児 52
- いろいろおもちゃ …… 0 1 2 3 4 5 歳児 53

CONTENTS

ラーメン・そば・うどんやさんごっこ ……58
- 身近な素材でチャレンジ麺！…… 0 1 **2 3 4 5** 歳児 58
- ガラガラどんぶり ……… 0 1 2 3 **4 5** 歳児 58
- 麺と具材を組み合わせて、こだわりのイッパイを作ろう！
  ……………………………… 0 1 2 **3 4 5** 歳児 58
- なぜナニ？！ 年越しそば ……… 0 1 **2 3 4 5** 歳児 59
- ミニ麺やさん ………… 0 1 2 3 **4 5** 歳児 59
- おまたせしました～！ …… 0 1 **2 3 4 5** 歳児 59

フードコートごっこ ……………60
- おやつにピザ＆クレープを食べよう！ 0 1 **2 3 4 5** 歳児 60
- ピザやさん ……………… 0 1 2 **3 4 5** 歳児 60
- フルーツクレープやさん …… 0 1 2 **3 4 5** 歳児 60
- アイスやさん …………… 0 1 2 **3 4 5** 歳児 60
- ハンバーガーショップ …… 0 1 2 **3 4 5** 歳児 61
- おまたせしました～！ …… 0 1 **2 3 4 5** 歳児 61

シェフ＆マグロの解体ショーごっこ ……62
- ごちそう食材 ……………… 0 1 2 3 **4 5** 歳児 62
- 調理アイテム ……………… 0 1 2 3 **4 5** 歳児 62
- シェフなりきりグッズ …… 0 1 2 3 **4 5** 歳児 62
- でっかいマグロの解体ショー！… 0 1 2 3 **4 5** 歳児 63
- ようこそ！ 鉄板レストラン … 0 1 **2 3 4 5** 歳児 63

★そのほかのお店やさん

ミラクル変身ショップ …………64
- かんたんデコアクセサリー …… 0 1 2 3 **4 5** 歳児 64
- おしゃれネイル …………… 0 1 2 3 **4 5** 歳児 64
- こんな髪型OKショップ！ … 0 1 2 **3 4 5** 歳児 64
- 美容室なりきりグッズ …… 0 1 2 **3 4 5** 歳児 64
- ちょっと変身グッズ ……… 0 1 **2 3 4 5** 歳児 65
- まねっこ美容室 …………… 0 1 2 **3 4 5** 歳児 66
- おっ！ イイね～ ………… 0 1 **2 3 4 5** 歳児 66

カメラごっこ ……………………67
- 手作りカメラでハイチーズ …… 0 1 **2 3 4 5** 歳児 67
- カメラを持ってカメラマン …… 0 **1 2 3 4 5** 歳児 67
- 写真バリエーション ……… 0 **1 2 3 4 5** 歳児 67

夜店（縁日）ごっこ ……………68
- もこかき ………………… 0 **1 2 3 4 5** 歳児 68
- プチもろこし …………… 0 **1 2 3 4 5** 歳児 68
- ポッていと＆フランくるくルト … 0 1 2 **3 4 5** 歳児 68
- りんごりんあめ …………… 0 1 2 **3 4 5** 歳児 68
- たこたこせんべい ………… 0 1 **2 3 4 5** 歳児 69
- わたあめっち …………… 0 1 2 **3 4 5** 歳児 69
- たこやき～の ……………… 0 1 2 **3 4 5** 歳児 69
- つりぼり ………………… 0 **1 2 3 4 5** 歳児 70
- まと入れピンポ～ン！ …… 0 **1 2 3 4 5** 歳児 70
- つんでつんでハイタワーゲーム … 0 **1 2 3 4 5** 歳児 70
- ハサミでかたぬき ………… 0 1 2 3 **4 5** 歳児 71
- プラ板かちかちホルダー …… 0 1 2 3 **4 5** 歳児 71
- ちょこっと変身グッズくじ引き … 0 1 2 **3 4 5** 歳児 71
- ころころビンゴゲーム …… 0 **1 2 3 4 5** 歳児 72
- チケットやさん …………… 0 1 2 **3 4 5** 歳児 72
- パタパタうちわ …………… 0 1 2 **3 4 5** 歳児 72

お店やさんごっこ　盛り上げアイディア4 ………73

エピローグ
- 作品展　発表会　運動会　3大行事もごっこあそびから…！！
  ……………………………………… 74
- 作り方・折り方・型紙 ……………………… 76

0〜5歳児 ごっこあそび アイディア BOOK

なりきりアイテム & コスチューム 50音さくいん

あ

アイスクリーム(ソフトクリーム)	60
アクセサリー	64,65
▶ピン留め	
▶ペンダント	
▶指輪	
いきものごっこ	22,23,24,25
うどんやさんごっこ	58,59
駅	18
エプロン	
■おすしやさん	57
■ケーキやさん	48,49
■パンやさん	55
■美容室(クロス)	64
■ままごと	16
お医者さんごっこ	30,31,32
王冠	45,79
王子様	45
おうち	17
おかし	52,53
おかね	73,78
お好み焼き	63
おすし	56,57
おすしやさんごっこ	56,57
おばけ	37,38,39
おばけごっこ	37,38,39
おはなしごっこ	44,45
お姫様	45
おんぶひも	16

か

かき氷	68
刀	40
かつら	64,71
カバン	
■お医者さん	31
■郵便やさん	29
カメラごっこ	67,77
切手	28
ぎょうざ	62
薬	32
▶漢方	
▶目薬	
▶水薬	
▶粉薬	
▶カプセル	
▶薬ケース	
車	18
クレープ	60
ケーキ	48,49,50
▶ロールケーキ	
▶ショートケーキ	
▶モンブラン	
▶ティラミス	
ケーキやさんごっこ	48,49,50
消印ハンコ	29
券売機	51

さ

財布	16,73,78
魚	
■マグロ	63
■魚釣り	70
三角巾	16,44
サンドイッチ	54,55
シェフごっこ	62,63
しっぽ	44
遮眼子	32
シャツ	44
ジューサー	51
ジュース	50,51
ジュースやさんごっこ	50,51
手裏剣	40,42,76
消防士ごっこ	33
視力検査表	32
信号機	18
スカート	44
ステーキ	62

スマートフォン	16	変身ショップ	64,65,66
双眼鏡	36	帽子	
そばやさんごっこ	58,59	■おすしやさん	57,77

た

体温計	30,32
だがしやさんごっこ	52,53
たこやき	69
注射器	31
聴診器	30
つえ	
■ドラキュラ	39
■魔女	38
ティアラ	45,79
電車	18,19,20,21
電子レンジ	15,17
動物（オオカミ、ヤギ）	44,45
ドーナツ	54,55
ドレス	45,66
トング	55
どんぶり	58

な

名札	31
忍者ごっこ	40,41,42.43
ネイルチップ	64
ネクタイ	44
のりものごっこ	18,19,20,21

は

ハガキ	28
博士ごっこ	34,35,36
白衣	31
ハンドル	18
ハンバーガー	61
ハンバーグ	63
パンやさんごっこ	54,55
ピザ	60,61
フードコートごっこ	60,61
プリン	48
ヘルメット	33,76

右段:

変身ショップ	64,65,66
帽子	
■おすしやさん	57,77
■コック帽	62
■車掌・運転手	18
■消防士	33,76
■ドラキュラ	39
■パンやさん	55
■魔女	38
■郵便やさん	29
放水器具	33
ポスト	28
哺乳びん	16

ま

枕	16
マスク（おばけ）	37,38,39
ままごと	14,15,16,17
マント	
■王子様	45
■ドラキュラ	39
■魔女	38
ミルク缶	16
メガネ	65,71

や

焼きそば	63
郵便やさんごっこ	28,29
夜店（縁日）ごっこ	68,69,70,71,72

ら

ラーメンやさんごっこ	58,59
リモコン	16

わ

綿あめ	69

第1章　身近なせいかつ編

それぞれの役がらになりきろう！
ままごと

▶ P.14〜

なんでもレンジ など

ままごと空間 など

生活をモチーフにしたごっこあそびは、乳児から楽しめるとっても身近なあそびです。幼児は、興味・関心に合ったテーマで楽しく遊んでみよう！　かんたんなやりとりから運動、表現などバラエティーに富んだあそびをご紹介！

あつまれ！ のりものごっこ ▶ P.18〜

見たてのりもの　など

作ろう段ボール列車　など

思いがはじける！ いきものごっこ ▶ P.22〜

〈 カエル 〉

へ〜んしん！！　など

〈 チョウチョウ 〉

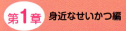

それぞれの役がらになりきろう！
ままごと

ざっくりザクザク
▶▶▶ P.16

便利なキッチン道具
0 1 2 **3 4 5** 歳児

調理道具は市販の子ども用あるいは小さめのものをそろえましょう！年齢に応じて使いやすいものを準備することが大切です。

準備物：お玉、ボウル、泡立て器、フライ返し、湯切りなど

イメージがふくらむ！ かかわりのコツ
子どもたちがままごとでどのようにしてごはんを作っているのかよく見取りましょう。
「これがあったら便利だな」とヒントがたくさんあるはずです。

ハンカチ・エプロン
▶▶▶ P.16

マルチな道具
▶▶▶ P.16

お世話大好き！赤ちゃん
▶▶▶ P.16

ココが楽しい！
きょうは
何がいい？　じゃぁ、

ままごと空間
0 **1 2 3 4 5** 歳児

しぜんにままごとを始められる、安心できる場所にしましょう。
年齢に合わせた環境づくりを心がければ、イメージがさらにふくらみます。

- エプロン・ハンカチ
- その他
- 赤ちゃんセット　赤ちゃんのお世話をするとき、セットのかごを持って行く（哺乳びんなど）
- 牛乳パックのイスとテーブル

ままごと
だれになろうかな？
今日のごはんはこれ！　あったか〜い食卓を！

イメージがふくらむ！ かかわりのコツ
キッチン、作業台などは、壁につけて置くと、あそびに集中しやすいです。身長や遊ぶ内容によっても違ってきます。子どもたちのようすを見ながら必要な物を順次そろえていきましょう。

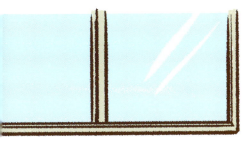
花はじき／チェーンリング／なんでもレンジ／ハンドメイドハウス／赤ちゃん布団

保育のプチ講座

ままごと イイネ〜！

あたたかいやりとりを
ままごとの基本は「まんま(ごはん)」です。食卓を中心に家族が過ごす、そんなあたたかいあそびです。ごはんを作ることでたくさんの言葉のやりとりや家族模様が繰り広げられます。年齢に応じた遊び方があり、その時々で楽しみ方も違います。ままごとをじっくり遊べる環境を保育者はつくっていきたいものですね。

ままごと たきたてごはん

0 1 **2 3 4 5** 歳児

米をといで、炊き、お茶わんによそっておいしいご飯を食べましょう！
準備物：花はじき(白)、釜(ボウルなどでもOK)、お茶わん

イメージがふくらむ！ かかわりのコツ
「お米をといでおいしいご飯をたこうね〜」と言葉をかけると熱心にお米をとぎ、興味も深まるでしょう。

ままごと なが〜い麺

0 1 **2 3 4 5** 歳児

チェーンリングをつなぎ合わせて麺を作ろう！　今日のメニューはなあに？
準備物：チェーンリング、お皿、フォーク

イメージがふくらむ！ かかわりのコツ
リングをすくいやすいフォークを選びましょう。麺をゆでるときに湯切りがあれば雰囲気も出ますよ。

ままごと なんでもレンジ
▶▶▶ P.17

ままごと ハンドメイドハウス
▶▶▶ P.17

第1章 身近なせいかつ編

どんどんひろがる ままごと

お世話大好き！ 赤ちゃん

0 **1 2 3 4 5** 歳児

赤ちゃん大好き！ じょうずにお世話しましょう。
思いやりの気持ちもあそびの中で学んでいければいいですね。

準備物：赤ちゃんの人形やぬいぐるみなど、古くなった哺乳びん、ガーゼ（既製品）、ひも、ミルク缶（小さめのもの）、ビニールテープ

〈 哺乳びん 〉　〈 人形用おんぶひも 〉　〈 ミルク缶 〉

長めのひも／ガーゼ／ひもを輪にして付ける／ビニールテープで保護

ミルクですよ～／これくらいのあつさかな

イメージがふくらむ！ かかわりのコツ
ミルクのあげ方や、オムツの替え方など、赤ちゃんのお世話のしかたをあそびの中で体得していくといいですね。そうすることでお世話が大好きになる心も育っていくでしょう。

ざっくりザクザク

0 **1 2 3 4 5** 歳児

お野菜、魚、肉を「ザクッ」と切ってみよう！
準備物：面ファスナー付きままごと玩具、包丁、まな板

イメージがふくらむ！ かかわりのコツ
ここでは切る楽しさから始まり、どのように切っていくのかを知っていけるといいですね。手を添えるときは「ネコの手」にすることなどを伝えましょう。

ハンカチ・エプロン

0 **1 2 3 4 5** 歳児

ハンカチは、ランチョンマットや三角きんとして使用できます。エプロンは繰り返し使うからこそ柔らかい布製のものがあればよいですね。

準備物：使わなくなったハンカチ、エプロン（使わなくなったもの、余りの布で作る）

〈 ハンカチ 〉　〈 エプロン 〉
三角きんに／ランチョンマットに／切る／子どもサイズにリメイク

イメージがふくらむ！ かかわりのコツ
エプロン、三角きんを付けるだけで気分はすっかりおかあさんです。取り出しやすい場所に、十分な数を用意しておきましょう。

マルチな道具

0 **1 2 3 4 5** 歳児

赤ちゃん人形の枕、スマートフォンや、注文を聞くときの端末、時にはつなぎ合わせて道路や線路など、マルチに使えるアイテムです。

準備物：段ボール、ビニールテープ

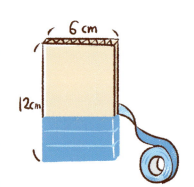
6cm／12cm

〈 枕 〉　〈 スマートフォン 〉　もしもし！

〈 リモコン 〉　ピッ！

〈 財布 〉

イメージがふくらむ！ かかわりのコツ
あえて、「これは○○です！」と言わなくても、子どもがしぜんに考えて使うでしょう。子どもが「これスマホ！」と言えば「ほんとだ！ スマホだ！」と認めることが大切です。子どもが繰り広げるあそびに共感しましょう。

16　第1章 ままごと

なんでもレンジ

0 1 2 3 4 5 歳児

とっても便利なレンジ。使い方次第であそびの幅が広がります。
あたたかい雰囲気であたたかいごはんを。

準備物：フタ付き段ボール（A4サイズ）、クリアフォルダー、ペットボトルキャップ、アルミホイル

イメージがふくらむ！ かかわりのコツ
どの家庭でも使用頻度の高い便利な家電ですが、料理をせずになんでもチンして、「はいどうぞ！」では少し困りもの。そんなときは、作ったものをあたためる道具であることを伝えればいいでしょう。

ハンドメイドハウス

0 1 2 3 4 5 歳児

みんなが楽しめる簡単ハンドメイドハウス！　子どもたちと装飾してもいいですね。

準備物：段ボール（大きめのもの）、色紙など

イメージがふくらむ！ かかわりのコツ
遊んでいる空間と外とを区別するもの、すなわち壁さえあれば一気に遊び込めます。窓などの装飾を子どもたちが創意工夫して楽しんで作っていきます。もちろんそのために必要な環境は整えましょうね。

行事へのヒント　たっぷり楽しんだ子どもたちに

子どもの生活に身近なままごとは、行事に生きるヒントがたっぷりです。劇あそびのひと場面に取り入れても、いいですね。

第1章 身近なせいかつ編

あつまれ！のりものごっこ

絵本・歌から

0 1 2 3 4 5 歳児

のりものが出てくる絵本や歌からも広がりますね。

肩ポンでんしゃ

0 1 2 3 4 5 歳児

手を肩に乗せるだけで電車に！ ひとりでも友達といっしょでも楽しい電車です。

イメージがふくらむ！ かかわりのコツ
肩に手を置き、「電車みた〜い！」と声をかけるだけで、「でんしゃ！」とすぐにイメージがわくでしょう。

見たててのりもの

0 1 2 3 4 5 歳児

身の回りのものがのりものに早変わり！ 保育者もいっしょに、「電車みたいだね」「くるまだ〜」「ブップッ〜」などの言葉のやりとりで楽しみましょう。
準備物：積み木、身の回りにあるもの（廃材）など

〈トラック〉積み木を重ねて… 〈車〉

〈電車〉牛乳パックを並べて…

〈信号機〉トイレットペーパー芯を3つつなげて… 〈駅舎〉ティッシュペーパーの空き箱で…

ココが楽しい！
出発します
かっこいい電車や車に夢中な子どもたち。

なりきり帽子

0 1 2 3 4 5 歳児

かぶるとうれしい！ この気持ちがあそびを楽しくさせるのでしょう。クラス全員分か、それとも車掌さんだけの分か…。作る数は、あそびをどう展開していくかで変わります。
準備物：厚紙、画用紙、輪ゴム

イメージがふくらむ！ かかわりのコツ
電車のマークや色、形を変えたり、子どもたちのできるところをピックアップして取り組んでいきましょう。

イメージがふくらむ！ かかわりのコツ
積み木は積み木だけ、ブロックはブロックだけという考えではなく、さまざまな玩具や素材があれば子どもの思いも広がっていくでしょう。

かんたんハンドル

0 1 2 3 4 5 歳児

ハンドルひとつで運転手気分に！ ハンドルの長さや太さは年齢に合わせて調節しましょう。
準備物：新聞紙、ビニールテープ

くるくる巻いて、輪にする

イメージがふくらむ！ かかわりのコツ
ビニールテープなどで、色の違うハンドルにするなどバリエーションを増やしてもいいでしょう。

中心を4cmずらして、半径10cmの円を2つ描く

輪ゴム
厚紙
はり付ける
画用紙
切り取る
はる
色画用紙

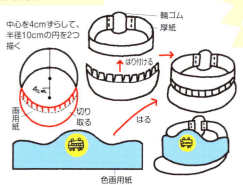

しゅっぱつしんこー！

保育のプチ講座

のりものごっこ イイネ～！

夢中を支える要素がいっぱい

子どもたちに身近な電車や車。通ると「ジーッ！」と見てしまい、見れば見るほどあこがれの気持ちが増します。
ここではジャンケンで勝敗を決める、順序を追って取り組むなど、みんなで楽しめる遊びも紹介しています。また、切符や帽子などのアイテムは、だれしも思いを込めて作りだしていくことができるものです。一部を取っても、展開して遊んでもどこを取っても楽しめる、そんなところがイイネ！！

のりものごっこ　トイレにしゅっぱつ　0 1 2 3 4 5 歳児

電車ごっこをふだんの生活の中にも取り入れてみましょう！

〇〇ちゃんもトイレに電車でいこうか

のりものごっこ　線路がつづくよ…　0 1 2 3 4 5 歳児

園庭に水で線を描いておきます。線路があればどんどん進む子どもたち。途中で線路が切れていても、子どもたちは自分の気持ちの中で線路を付け足して進んでいきます。

〈 線路引き 〉

ペットボトルにひと工夫。これですいぶん持ちやすくなる

荷造り用持ち手 / ペットボトル

おのりくださ～い / どうぞ / のせて～

イメージがふくらむ！かかわりのコツ
線路を広げる子ども、電車に夢中の子ども、駅で待つ子ども、それぞれにあそびを広げていくことでしょう。保育者は見守りながら、どのような援助をするのか考えてかかわりましょう。

のりものごっこ
がたんごとん

線路や道路のように、無限に広がることまちがいなし！

どんどんひろがる

- あっちコッチくるま
- 車に乗ってドライブGO!!
- ジャンケン列車
- 電車が出発しま～す！

▶▶▶ P.20、21

のりものごっこ　きっぷっぷ　0 1 2 3 4 5 歳児

オリジナルの切符を作ってみよう！ 数字や文字などにも興味・関心を持つことができればいいですね。

準備物：画用紙、厚紙など

きっぷ はいけんしま～す

イメージがふくらむ！かかわりのコツ
4～5歳児なら、本物を見てまねて描いてもいいでしょう。乳児クラスは保育者が作ったものを繰り返し使って遊んでみましょう。

のりものごっこ　作ろう段ボール列車　0 1 2 3 4 5 歳児

電車に"乗る"イメージがいちばんあるアイテムです。かんたんに段ボールで作れます。2歳児は乗車から。ひとりずつ乗車する、降りてから乗るなど、順序よく遊んでいくことが大切です。あそびの中でルールを理解していきましょう。

準備物：段ボール、荷造り用持ち手、色画用紙

イメージがふくらむ！かかわりのコツ
共同作品で作るときは、グループで作っていくのがオススメ。グループ内で友達とやりとりをしながら遊んでいきましょう。

〈 先頭車両 〉

側面 / 正面

色画用紙（くり抜いても可）

切る / 重心（前より）に穴をあけ、ひもを輪にして、荷作り用持ち手を付ける / 荷造り用持ち手 / ひもでくくり付ける

〈 客車 〉客車は、枠だけ

中央に取っ手を付ける

つぎは〇〇えき～！ / つぎおりま～す

第1章 身近なせいかつ編

どんどんひろがる のりものごっこ

あっちコッチくるま

0 1 **2 3 4** 5 歳児

ハンドルを持って、運転手に！ 車でも電車でもどちらでも遊べます。自分がハンドルを渡したい友達のところまで行きます。繰り返し遊び続けられますね！

準備物：園児イス、ハンドル(P.18)

①イスを向かい合わせに並べひとりは座り、あとの人は後ろに並ぶ。
②ハンドルを持って先頭の人が出発！ 友達のところまで、運転しているつもりで動く。

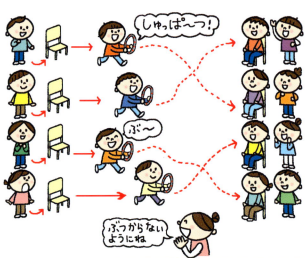

③ハンドルを友達に渡すと運転手の交代です。交代したらイスの後ろに並ぶ。

イメージがふくらむ！ かかわりのコツ
子どもが自分で考えて動くことがねらいです。そこから待つ人が手を差し伸べたり、名前を言って声をかけたりできるようになるといいでしょう。

車に乗ってドライブGO！

0 1 **2 3 4** 5 歳児

運動用具を山やトンネルに見たてて、出発進行！ 行きたい運動用具からどんどんチャレンジしていきます。繰り返し遊ぶ中で、自分のリズムで遊んでいけますね。

準備物：マット、平均台、フープ、跳び箱、ハンドル（ハンドルを持っているまねでもOK）

イメージがふくらむ！ かかわりのコツ
繰り返し遊ぶ中で、これにも、あれにもと好奇心を持ったり、興味・関心を深めたりしていく要素があります。子どもがその場に立って初めて見えてくる世界を見守っていきましょう。

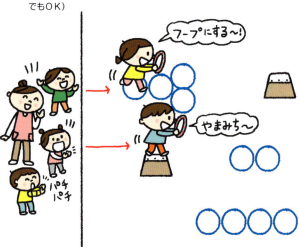

ジャンケン列車

0 1 2 **3 4 5** 歳児

ふたり組の電車で出かけます。先頭に立っている子どもがジャンケンで負ければ、後ろの子どもが必ず先頭になれます。繰り返し遊んでいきましょう。

準備物：フープ

①ふたり組になり、運転手を決めたら、先頭でフープに入り、列車になって自由に動く。

②ほかの列車を見つけて、先頭同士がジャンケンをする。

③ジャンケンで負けた列車は、前後を交代し、後ろにいた子どもが先頭に来て列車になる。

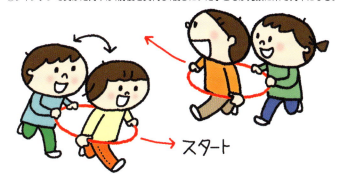

イメージがふくらむ！ かかわりのコツ

着地点をどうしていくのか考えましょう。止めてハイ終わり！では子どもの気持ちは切れてしまいます。ルールの理解はもちろん、わかりやすい終わり方を子どもたちといっしょに考えることも必要でしょう。

電車が出発しま〜す！

0 1 2 **3 4 5** 歳児

だれもが必ず先頭に立って運転手になれるところがこのあそびのよいところです。異年齢でも遊ぶことができます。

準備物：カラー標識など（駅に見立てられるもの）

①駅に見立てたカラー標識から、次の停車駅に向かって出発する。

②目的地に到着すると、Aは下車し、Bと運転手を交代する。
③駅で待っていたお客さんのCを乗せて出発。Dが待つ駅に向かう。

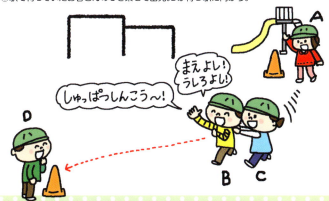

イメージがふくらむ！ かかわりのコツ

ただつながっていくだけではなく、ほんとうに電車に乗っている感覚でなりきって遊んでいくことが大切。順序ばかりに気を取られることなくあそびの本質を楽しんでください。

行事へのヒント　たっぷり楽しんだ子どもたちに

作品展で、それぞれの展示室をのりものに乗って回ってみよう！劇あそびの登場シーンにも！

第1章 身近なせいかつ編

思いがはじける！
いきものごっこ

はじめのいっぽ・よ〜く見てみよう！　0 1 2 3 4 5歳児

身近ないきものをよく見てみよう！　飼育ケースに入れて飼えるいきものならば保育室に置けますね。どんな動きかな？　どんな鳴き声かな？　よく見てみることから始まります。

イメージがふくらむ！ かかわりのコツ
子どもたちが興味を持っているものをピックアップします。絵本や歌なども取り入れて少しずつ思いを深めていくといいですね。

へ〜んしん！！

興味を持っているいきものの動きをまねてみよう！

〈 チョウチョウ 〉　0 1 2 3 4 5歳児

手をゆらゆら〜。曲を流すと、ゆったり楽しい！　歩ける子どもたちは室内を動き回ってみよう！

ココが楽しい！
このいきものはどんな
いきものの特徴、特性、動き

イメージがふくらむ！ かかわりのコツ
いきものの特徴を言葉で伝えながらなりきって遊んでみましょう。チョウチョウなら「羽がふわふわしているね」など、子どもにわかりやすいいきものの姿を言うのがいいでしょう。その後に子どもが表現している姿をそのまま伝えるのもいいですね。

〈 アリ 〉　0 1 2 3 4 5歳児

みんなでごはんを運ぶにはどうしたらいいのかな？　よいしょ、よいしょ、力を合わせてよいしょっとすれば一生懸命に運べるよ。

〈 ダンゴムシ 〉　0 1 2 3 4 5歳児

場面情景などことばがけをして、ダンゴムシになりきってみよう！

22　第1章　いきものごっこ

なりきりまねっこ

実際に見たようすや、絵本や図鑑で知ったようすから、どんな動きをするのか、習性も交えて、みんなで教え合いっこしてみよう！
出た話をもとに、その気持ちになって、なりきって遊んでみよう！

〈 カブトムシ 〉 ０１**２３４**５歳児

カブトムシの角は、先が割れてる！

いきものごっこ
うごきをするのかな〜？
をまねっこしてみよう。

〈 カエル 〉 ０**１２３４**５歳児

カエルになりきっていろいろなジャンプをして遊んでみよう！

小さなジャンプ、大きなジャンプ　　手のひらを先についてジャ〜ンプ

ジャンプで競走　　ここから跳べる!?

保育のプチ講座

表現する楽しさが意欲に

５領域の表現を強く意識する遊びです。手を頭の上にあてがうだけでウサギとわかります。子どもは気持ちが乗ってくると「つぎ、つぎ！」と言ってきます。ここでのいきものごっこは子どもたちのどんどん行くぞ！　という部分がたくさん出てくるでしょう。子どもたちの考え出す世界が少しずつ出てくることを期待します。

〈 ツバメ 〉 ０１**２３４**５歳児

すっごく遠くから来るんだって！
飛ぶ練習しないとだめだね！

〈 ウサギ 〉 ０１**２３４**５歳児

ウサギって丸まって寝るのかな？

〈 ザリガニ 〉 ０１２**３４**５歳児

おいしそう…でも気をつけて！
人間の子どもだよ！

〈 ゾウ 〉 ０１２**３４**５歳児

ドッシンドッシン歩くぞ〜！

イメージがふくらむ！ かかわりのコツ
いきものそのものになることは、その気持ちになることです。エサはどうやってとるんだろう！どうやって寝るの？　など子どもたちの素朴な疑問から、なりきって遊ぶことにつなげるのもいいですね。

どんどんひろがる ▶▶▶ P.24、25

- なりきりへんしんヨ〜イドン！
- ラッコゲーム
- 絵を描いてみよう！
- こんないきものいるかな〜？？

第1章 身近なせいかつ編

どんどんひろがる いきものごっこ

イメージがふくらむ！ かかわりのコツ
子どもの姿を見ながら「○○くんのカエル、ジャンプがとてもかっこいいね」などひとりひとりに対応していくとよいでしょう。

なりきりへんしんヨ〜イドン！

0 1 2 3 4 5 歳児

歌に合わせて、いろいろないきものになりきって、マットからマットへ移動します。かんたんなルールをもとに、いきものに変身して体を動かして遊んでみましょう。速さではなく、楽しんで動くことに重きを置いて遊んでみよう！

準備物：マット

『はじまるよ　はじまるよ』（作詞・作曲：不詳）の後半にいろいろないきものを登場させる。

♪はじまるよ　はじまるよ
　はじまるよ　はじまるよ　はじまるよったらはじまるよ

♪かわいいおみみのうさぎさん
①手を耳にしてジャンプで移動する。

♪コロコロ　コロコロ　だんごむし
②ハイハイで移動する。

♪ピョンピョンジャンプのカエルさん
③カエルになって移動する。

絵を描いてみよう！

各年齢の発達に応じた方法で、いきものの絵を描いてみよう！

〈 テントウムシ 〉 0 1 **2 3** 4 5 歳児

丸シールをはって、すてきな模様に！

〈 ダンゴムシ 〉 0 1 2 **3 4** 5 歳児

クレヨンやフェルトペンで描いてみよう。
歩いた道も描くと楽しいですよ。

〈 ザリガニ 〉 0 1 2 3 4 **5** 歳児

四ツ切り画用紙など大きい紙でダイナミックに！

 イメージがふくらむ！ かかわりのコツ
筆とクレヨンを使って水の中でひっそりとするザリガニを描いたり、ダンゴムシの道をクレヨンで描いてお散歩させたりするなど、子どもたちが想像をふくらませ、楽しみながら描いている姿を認めたいですね。

ラッコゲーム

0・1・2・3・4・5歳児

玉入れの玉を貝に見たて、ラッコになって大切に運ぼう！　友達と力を合わせて、運べるかな？

準備物：マット、玉入れの玉、カゴ、バスタオル

①バスタオルを持ち、3人で手をつないで走る。

②ボールを取ったらひとりがバスタオルの上にあおむけになり、玉入れの玉を貝のように胸に置き、頭を上げる。ほかのふたりはバスタオルを引っ張って移動する。

③ゴールに着いたら玉入れの玉をカゴに入れる。

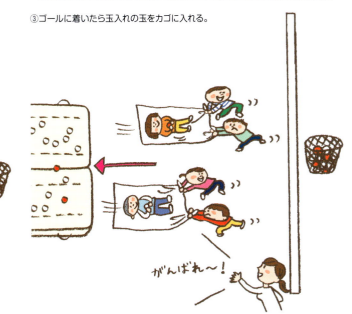

イメージがふくらむ！ かかわりのコツ
「ラッコは頭を上げて大切な貝を胸に置いているよね。バスタオルは水の上に浮かんでいる感じでね！」と声をかけます。動物園や水族館、テレビなどで見たことがあるのでイメージはつきやすいでしょう。

こんないきものいるかな〜？？

0・1・2・3・4・5歳児

いろいろな素材を使って、自由な発想でいきものを作ってみよう！　自分が想像していることを形作っていくことに一生懸命になります。

準備物：ラップ芯、トイレットペーパー芯、新聞紙、空き箱などの身近な材料

イメージがふくらむ！ かかわりのコツ
方法がわからずに手が止まったら、どのように組み立てていきたいのか、どのようないきものを考えているのかなど言葉のやりとりをしながら援助していくといいでしょう。自分の思いを形に表すというのはすばらしいことです。

行事へのヒント　たっぷり楽しんだ子どもたちに

子どもたちが作ってきたいきものを動物園のように並べて作品展に。展示する方法をひとつとっても保育者の腕の見せどころ。描いたテントウムシを色画用紙などで作った花にはって、とまっているところなどを表現したり、作ったザリガニを箱などで作った岩の上にはって、池の中にいるようにしたりするなども考えられますね。また、いきものをモチーフにした運動会での演技、発表会での表現あそびなど、展開していくこともできるでしょう。

第1章　いきものごっこ　25

第2章 なりきりへんしん編

★あこがれのおしごと

手紙を送ろう！〒
郵便やさんごっこ
▶ P.28〜

なりきりグッズ など

ポストにポットン など

すぐによくなりますよ！
お医者さんごっこ
▶ P.30〜

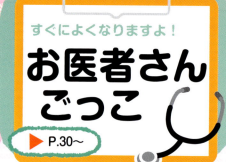

よくなるびょういん など

かっこいいな〜
消防士ごっこ
▶ P.33〜

なりきりグッズ など

どうして〜どうして
博士ごっこ
▶ P.34〜

不思議探検にレッツゴー！ など

「きょうのぼく（わたし）なんだかちがう…！」そんな気持ちになってしまうのがこのなりきりへんしん編。それぞれのテーマの世界にどんどん入り込んで遊んでみよう！「あ〜っ、これイイネ！」と思わず言ってしまいそうになるアイディアがたっぷりです。

★ワクワクファンタジー

ひゃ〜っ！ おもしろそう！
おばけごっこ
▶ P.37〜

変身でござる！
忍者ごっこ
▶ P.40〜

忍者の秘密道具！ など

おばけのファッションショー など

手裏剣しゅっしゅしゅ〜っ！ の術 など

今日はどんなおはなしにする？
おはなしごっこ
▶ P.44〜

なりきり王子様とお姫様 など

第2章 なりきりへんしん編 ▶ あこがれのおしごと

手紙を送ろう！ 〒
郵便やさんごっこ

ポストにポットン

0 1 2 3 4 5 歳児

ハガキや手紙を投函しよう！　乳児は、出し入れの繰り返しが楽しいですね。幼児は、自分たちで穴をあけたり、色を塗ったりしてみよう！

準備物：投函口と取り出し口をあけた空き箱

取り出し口

ポストは、園児イスや積み木など床から少し離して置くことで、乳児クラスの子どもが入れやすくなります。

イメージがふくらむ！ かかわりのコツ
「〇〇ちゃんに、よろしくお願いしま〜す」など、届けたい気持ちがふくらむように投函できるといいですね。

どこどこポスト

0 1 2 3 4 5 歳児

ポストを、園内に数か所設置してハガキを投函してみよう！

くつばこポストにだしにいく！

イメージがふくらむ！ かかわりのコツ
「どこにポストがあるのかな」「どこに出しに行こうかな」など期待感を込めて投函できればいいですね。

ハガキをつくろう！

0 1 2 3 4 5 歳児

家族や友達に、絵や文字で気持ちを伝えたり、ふだんのあそびを取り入れたり…。さあ、だれに送ろうかな？

準備物：8等分にした四ツ切り画用紙（郵便番号欄を書いておく）

だれにお届けしましょうか？

〈 パスやフェルトペンでなぐり描き 〉

乳児の住所欄には保育者が記入しよう！

〈 切り絵 〉

いつもありがとう たつき

イメージがふくらむ！ かかわりのコツ
「次はだれに送ろうかな？」「何を書こうかな？」など、子どもとのやりとりを大切にしましょう。

ココが楽しい！
〇〇ちゃん
気持ちをたっぷり込めて届けよう！　伝わる

ステキな切手やさん

0 1 2 3 4 5 歳児

自分だけの切手を作ってみよう！　値段をつけたり、しわけしたりしても楽しいですね。

準備物：包装紙、古切手、シールなど

ぬるま湯につけるとはがれやすい
古いハガキ

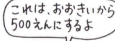
これは、おおきいから500えんにするよ

空き箱を利用して切手のしわけ

イメージがふくらむ！ かかわりのコツ
ほんとうの切手を見ることでイメージがわきやすくなるでしょう。

切手をペッタン！

0 1 2 3 4 5 歳児

好きな切手を選んではってみよう！　はる枚数の限りはありません。乳児はシールはりあそびの一環で遊んでみよう！

準備物：シールや包装紙などを切手サイズに切ったもの、古切手

どれにしようかな？　これにする　いっぱいはったらとおくまでとどくかな？

イメージがふくらむ！ かかわりのコツ
「切手く〜ださい！」と声をかけると子どもは「きって　きって」と大忙し。ささいな言葉のやりとりから、イメージや楽しさをみずから表現してくれることでしょう。

保育のプチ講座

手描きで気持ちを伝えよう！

子どもを取り巻く環境はどんどん変化していきます。手紙離れが進む中、自分の思いを文字や絵で表現する機会を大切にしましょう。少しでOK。描くことが大事。自分の思いを形にし、相手に伝えるうれしさを知るいい機会だと思います。

郵便やさんごっこ にとどけ～！
のってうれしいな♪届けるのって楽しいな♪

○○ちゃんお手紙です！ 012**3 4 5**歳児

ポストに入っているハガキや手紙を集めて、届けよう！
集めたハガキには、消印ハンコを押してもいいですね。

クラスと時間を決めて、交代でお当番活動として取り入れてもいいですね。

イメージがふくらむ！かかわりのコツ
「きょうは、2ことだけだよ」「○○にわたしたよ！」などの声に耳を傾け、ねぎらいましょう。

消印ハンコは預かりマーク 012**3 4 5**歳児

手作りの消印ハンコを作ろう！

〈ぐるぐるハンコ〉
段ボールを巻いてビニールテープで留める。

〈野菜ハンコ〉
イモやニンジン、キュウリなどを彫る。野菜に含まれる水分もいっしょに写そう。

イメージがふくらむ！かかわりのコツ
「うつれ～うつれ～」と念じて押すと楽しいです。「○○郵便やさんのマークだね！」など、消印の意味も伝えられるといいですね。

なりきりグッズ 012**3 4 5**歳児

郵便やさんの帽子やカバンを作ってみよう！　使い慣れている素材や道具を用意し、オリジナルグッズに！

準備物：カラー帽子、厚紙、ティッシュペーパーの空き箱、ひも

〈帽子〉　〈カバン〉
- カラー帽子
- フェルトペン
- 厚紙
- ひも
- ティッシュペーパーの空き箱

色紙やビニールテープ、フェルトペンなどで装飾

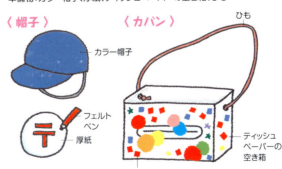

「おてがみです！」

イメージがふくらむ！かかわりのコツ
「郵便やさん、どこ行くの？」など、アイテムを身につけて、動き出したくなることばがけを。

ホントに送っチャオ！ 01234**5**歳児

園で集めたハガキを、ポストに投函してみよう！
準備物：官製ハガキ

「よろしくおねがいします！」

イメージがふくらむ！かかわりのコツ
「おじいちゃん　おばあちゃん　げんきにしてるかな？」と相手を想いながらだと、うれしい気持ちで描いていけるでしょう。

ありがとう大作戦！ 012**3 4 5**歳児

郵便やさんに、感謝の気持ちをプレゼント！　勤労感謝の日にもオススメです。

「いつもありがとうございます」

イメージがふくらむ！かかわりのコツ
郵便やさんのお仕事のようす（自分たちの経験も振り返って）を思い出しながら、プレゼントを作れるといいですね。

行事へのヒント　たっぷり楽しんだ子どもたちに

作ったハガキを作品展で飾ってみよう！　つるして飾ると両面を見せることができます。あそびで使った道具を置いておくと、雰囲気が伝わります。

第2章 なりきりへんしん編 ▶ あこがれのおしごと

すぐによくなりますよ！
お医者さんごっこ

ピッピッ わるいところはありませんか？

0 1 **2 3 4 5** 歳児

聴診器をつけて、診察してみよう！「悪い病気を見つけよう！」「助けなきゃ！」というお医者さんの思いをくみ取るなりきりあそびは奥が深いですね。

〈聴診器〉
準備物：カチューシャ、ペットボトルキャップ、カラーひも、ペットボトル

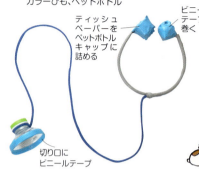
ティッシュペーパーをペットボトルキャップに詰める
ビニールテープで巻く
切り口にビニールテープ

はい、すってーはいてー

イメージがふくらむ！ かかわりのコツ
「はい、すってー、はい、はいてー」と言葉をかけると、患者役の子どももなりきって遊びます。

おねつはかりましょ！

0 1 **2 3 4 5** 歳児

わきの下で測るときは、体温計を縦に入れ、腕を曲げて測る方法を知っておくと、ふだんの生活につながりますね。あそびのときは服の上からでもだいじょうぶでしょう。

36℃でした！

イメージがふくらむ！ かかわりのコツ
熱を測るときに、「ピピピピッ！」と音をまねて言うとおもしろいです。もし動いてしまって測れないときは「ピーッ！」と言ってやり直しです。

体温計の作り方は P.32

ココが楽しい！
どうしましたか？
お医者さんも看護師さんも患者さんも！

どんどんひろがる ▶▶▶ P.32

- 視力検査 これな〜んだ？
- おくすりどうぞ

よくなるびょういん

0 1 **2 3 4 5** 歳児

子どもたちがお世話になっているかかりつけ医のような町医者風にすると親近感がわきます。1、2歳児は患者役になって遊べます。
準備物：テーブル、イス、ついたて

どうしましたか？
ちょっと おなかが いたくて……

おくすりです！おだいじに〜
ありがとう

イメージがふくらむ！ かかわりのコツ
「必ず良くなるよ！」と励ましの言葉をかけるといいでしょう。看護師さんはお医者さんをサポートして、患者に寄り添う感じがよいでしょう。

お医者さんごっこ
おだいじに〜
やりとりがとっても楽しいテーマです。

チックンするよ〜
0 1 **2 3 4 5** 歳児

お医者さんが患者さんに注射します。看護師さんはお医者さんのサポートをして、患者さんに声をかけたり、腕を支えたりするなどしましょう。

「もうすこしですよ」

イメージがふくらむ！ かかわりのコツ
注射は痛い！ということよりも、「良くなろうね！」という気持ちとグッとがんばる子どもの姿を認めましょう。

保育のプチ講座 — 共感と思いやりで広がりを

お医者さんごっこイイネ〜！

「悪い病気を治すために共にがんばってくれるお医者さんや看護師さんであってほしい。」子どもたちが心の中でそのように感じ取れる立場のお仕事にしたいですね。ふだんの経験から、手順などは子どもたちも十分に理解しているでしょう。環境を整えていくことによってしぜんとあそびが広がってくるものだと思います。

〈 注射器 〉準備物：ペットボトルキャップ、トイレットペーパー芯、牛乳パック、アルミホイル

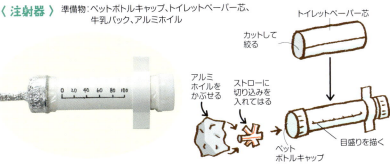

トイレットペーパー芯／カットして絞る／アルミホイルをかぶせる／ストローに切り込みを入れてはる／ペットボトルキャップ／目盛りを描く

なりきりグッズ
0 1 2 3 **4 5** 歳児

白衣を着て、お医者さん＆看護師さんに大変身！
看護師用のベルトや名札に注目して、細かなあそびをしてみるのもいいでしょう。
準備物：ポリ袋、面ファスナー、ビニールテープ、画用紙

イメージがふくらむ！ かかわりのコツ
お医者さん役には「○○先生！」と呼ぶだけで襟をピンと正します。看護師さん役には「○○ちゃんすてきね、よく似合ってるよ、がんばってね！」とことばがけしましょう。

〈 白衣 〉準備物：ポリ袋、面ファスナー、ビニールテープ

●お医者さん

奥は残す／マジックテープ／ビニールテープ／切る／ビニールテープ

●看護師さん
面ファスナー

〈 ベルト 〉準備物：厚紙、色画用紙、輪ゴム

つなげる／輪ゴム／厚紙

〈 往診カバン 〉
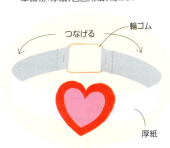
手提げ袋に病院のマークをはる

〈 名札 〉準備物：空き箱、色画用紙、写真
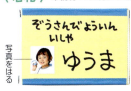
ぞうさんびょういん いしゃ ゆうま
写真をはる
空き箱を利用し、ビニールテープで留める。ひもを付けて首からさげても

「ちょっとみてみますね〜」

第2章 なりきりへんしん編 ▶ あこがれのおしごと

どんどんひろがる
お医者さんごっこ

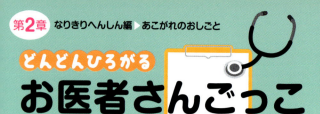

「いちにち3かい のんでください」 「おだいじに！」

おくすりどうぞ　0 1 **2 3 4 5** 歳児

いろいろな素材で薬を作って、薬やさん！　この薬は何に効き目があるなど分けるとおもしろいですね。口に入らないように工夫をします。

準備物：色画用紙、葉っぱ、ストロー、色紙、チャック付き小袋

イメージがふくらむ！　かかわりのコツ
「これを飲むとすぐに良くなりますからね〜」と言うだけで患者さん役の子どもは「そーなんだ、うれしい！」そんな気持ちになるでしょう。

〈漢方〉　色画用紙を敷く／落ち葉をテープではり合わせてカバー

〈目薬〉　ビニールテープを巻く／色水／ソース入れ／ラベルを描いてはる

〈水薬〉　乳酸菌飲料の容器

〈粉薬〉　切った色紙／チャック付きの小袋

〈カプセル〉　ストローを切ったもの

〈お薬ケース〉　牛乳パック／色紙／ストロー／ドングリ　→　1回分！

視力検査　これな〜んだ？　0 1 2 **3 4 5** 歳児

マークを描いたり、広告を切りばりしたりして、視力検査がスタート！　数字や、ひらがななどを入れてみるのもいいでしょう。

〈視力検査表〉　準備物：台紙（画用紙）、広告やカレンダーなど

「これは？」「くるま」

〈遮眼子〉　準備物：ストロー、紙コップ
紙コップの底／ストローに切り込みを入れて広げてはる／まとめて留める／ストロー

イメージがふくらむ！　かかわりのコツ
視力検査の雰囲気を楽しみながら遊んでみよう。ひらがな・数字・絵などを声に出して言うことも大切でしょう。

おねつはかりましょ！

〈体温計〉
準備物：牛乳パック、トイレットペーパー芯、ストロー（直径5mmの赤いストロー、直径6mmの白いストロー）、アルミホイル

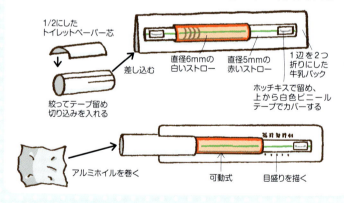

1/2にしたトイレットペーパー芯／差し込む／絞ってテープ留め切り込みを入れる／直径6mmの白いストロー／直径5mmの赤いストロー／1辺を2つ折りにした牛乳パック／ホッチキスで留め、上から白色ビニールテープでカバーする

アルミホイルを巻く／可動式／目盛りを描く

行事へのヒント　たっぷり楽しんだ子どもたちに

月ごとに行なわれている身体計測や、歯科検診、内科検診など園での経験からごっこあそび。お医者さんごっこから検診へとつなぐこともできますね。

第2章 なりきりへんしん編 ▶ あこがれのおしごと

かっこいいな〜
消防士ごっこ

保育のプチ講座 ごっこあそびで理解を深めよう

消防士ごっこ イイネ〜！

身近な存在でありながら、実際は緊迫した中でのお仕事。そんな消防士はあこがれの対象です。素朴なあこがれからごっこあそびを始めるのもいいでしょう。保育の中で、消防士の役割も理解できればと思います。

なりきりグッズ　0 1 2 3 4 5 歳児

かっこいいアイテムを持てば、たちまち消防士に！顔つきも変わりますね。

〈 ヘルメット 〉
準備物：牛乳パック、アルミホイル、色紙、カラーポリ袋

ヘルメットの作り方は P.77

〈 放水ガン 〉
準備物：ラップ芯、プラカップ、牛乳パック

プラカップ　ビニールテープ　ラップ芯

牛乳パックで作った取っ手を付ける

〈 水鉄砲で 〉
市販のポンプ式水鉄砲に紙コップと取っ手を付けて作ると実際に遊ぶこともできます。

ひをけすぞ！

イメージがふくらむ！ かかわりのコツ
ヘルメットをかぶって放水ガンを持つだけで、子どもはしぜんと構えます。「かっこいい！」「ステキだね」などと声をかけるとますます入り込めます。

ココが楽しい！ 消防士ごっこ
よし！僕に私にまかせて！
消防士のお仕事っていろいろあるんだな〜。

ウ〜ッカンカンカンカン！　0 1 2 3 4 5 歳児

園庭で放水ガンに水を入れ、早く火を消そう！　プラカップの内側に炎のイラストをはって、倒します。
準備物：タライ、水、放水ガン、プラカップ（中に炎のイラスト）

イメージがふくらむ！ かかわりのコツ
「火事だ！ 急いで火を消すんだ！」など消防士になっていち早く火を消しに行くような緊迫した雰囲気をつくりましょう。

緊急出動！ 119　0 1 2 3 4 5 歳児

助けに来たぞ！　消防士が緊急出動です。マットを引っ張るのは4歳児からですが、乗るのは2歳児からでも遊べます。
準備物：マット、短縄
消防士は短縄を持ってマットを運び、子どもを乗せ、短縄を持って引っ張る。

イメージがふくらむ！ かかわりのコツ
「助けに来たぞ！」など場の状況をイメージでき、なりきって力を発揮できるような環境をつくることが大切です。また、火を消すだけでなく人を助けるのも消防士の役割ということも伝えていきたいですね。

行事へのヒント たっぷり楽しんだ子どもたちに

消防署と連携した避難訓練で、訓練用消火器を使う経験もいいでしょう。消火器の中身が水で的に向かって放水するものです。日ごろの訓練を評価していただくのもいいでしょう。運動会の競技としてもできます。子どもの興味・関心が深まれば、気持ちを込めて競技に取り組むのではないでしょうか。

第2章 なりきりへんしん編 ▶ あこがれのおしごと

どうして〜どうして〜？
博士ごっこ

不思議探検にレッツゴー！
0 1 2 3 4 5 歳児

不思議を探しに、園内を探検してみましょう。
みんなで集まって発表し合ってもいいですね。

イメージがふくらむ！ かかわりのコツ
虫メガネ（手作りでもOK）などを持つだけで「発見！」がもっとうれしくなります。

かげカゲくろかげ
0 1 2 3 4 5 歳児

光が物に当たると影ができる！ いろいろな影を見つけよう！ どんな影があったか、話し合ってみましょう。

不思議なセロハンビーム
▶▶▶ P.36

イメージがふくらむ！ かかわりのコツ
棒などで線を引き、影をかたどっておさます。数時間後に見に行くと、影の変化に気づくことができます。

ココが楽しい！
「おっ！」のひと言が
不思議なことを見たり・聞いたり・感じ

ゆらゆらきれい
0 1 2 3 4 5 歳児

ペットボトルの中身をジッと眺めているだけでも、フリフリしてきれいな泡模様を見るのも、実際に作って遊んでみるのも、不思議がいっぱいです。

準備物：350mℓのペットボトル、水、油（水：油＝1：1）、アイロンビーズやビー玉など、食紅または絵の具

イメージがふくらむ！ かかわりのコツ
あらかじめ作っておいたものを見せ、「なぜ？」という思いに共感しましょう。

どろみず変身！？
0 1 2 3 4 5 歳児

泥水をコーヒーフィルターでこします。泥水はきれいな水に変身するかな？ 子どもたちの表情が見ものです。ペットボトルの上部を逆さにすると、フィルターカップにもできます。

準備物：プラカップ、ペットボトル、コーヒーフィルター、泥水

イメージがふくらむ！ かかわりのコツ
「この泥んこのお水、きれいにならないかな？」と保育者がつぶやいてみると、子どもたちからさまざまなアイディアが出てくるでしょう。そこで、コーヒーフィルターの登場です。

保育のプチ講座
科学的なあそびとの融合

博士ごっこ イイネ〜！

○○ごっこをしよう、じゃあ内容は？　ではなく、「わっ、不思議！」「え〜っ、なぜ？」と感じたことにより博士ごっこがスタートするのです。ここではほんの入り口、きっかけを載せています。子どもたちの周りに起こっていることに注目し、保育の内容を掘り下げていきましょう。

博士ごっこ　科学の芽生え！
たりすることで科学の心を育てよう！

博士ごっこ　いろいろブクブク泡　0 ①②③④⑤歳児

底に穴をあけた紙コップを水につけると…。
何が起こるかやってみましょう。

準備物：ビニールプール、紙コップ、タライ

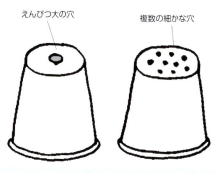
えんぴつ大の穴　　複数の細かな穴

イメージがふくらむ！かかわりのコツ
まず初めに穴をあけていない紙コップを逆にして沈め、返すと泡が出ることを楽しみましょう。十分に楽しんでから「こんなコップはどうでしょう？」と穴をあけた紙コップを沈め、泡が出るようすを見ていきましょう。

博士ごっこ　ティッシュでボ〜ン！！　▶▶▶ P.36

博士ごっこ　コンコン聞こえる？　0 1 2 3 ④⑤歳児

テーブルやロッカーに耳を近づけ、コンコンとたたいてみましょう。
友達がたたく音も聞こえるかな？

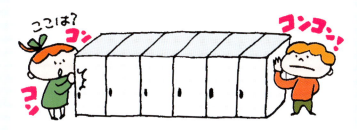

博士ごっこ　紙コップで音集め　0 ①②③④⑤歳児

紙コップでいろいろな音を聞いてみよう！

準備物：紙コップ

イメージがふくらむ！かかわりのコツ
子どもたちの前で「あっ！何か聞こえた！」と言って紙コップを出して静かに聞いている姿を見せましょう。興味を持った子どもに、「こうするといろいろな音が聞こえるんだよ」とことばがけするだけでどんどん音を発見するでしょう。

イメージがふくらむ！かかわりのコツ
「こんなことでも音が聞こえるよ」とことばがけしましょう。いろいろなところで音が伝わってくることに興味が持てるといいですね。

博士ごっこ　輪ゴムペンペン！　▶▶▶ P.36

第2章　博士ごっこ　35

第2章 なりきりへんしん編 ▶ あこがれのおしごと

どんどんひろがる 博士ごっこ

博士ごっこ 不思議なセロハンビーム　0 1 2 3 4 5 歳児

窓ガラスに、カラーセロハンをはるだけで光が差し込み、お部屋の中にいろいろな色が出現！ のぞくと色が消える双眼鏡で、不思議がどんどん広がります。

イメージがふくらむ！かかわりのコツ
床に映るセロハンを見て、「あれ〜、不思議だね」「なんだろうね」と言葉をかけたり、双眼鏡で消える発見に「ほんとだ、なんでだろう？」「ほかの場所は？」などもっと好奇心が出るように助言したりしましょう。

〈 セロハンビーム 〉
準備物：画用紙、カラーセロハン

画用紙　カラーセロハン

〈 双眼鏡 〉
準備物：カラーセロハン、トイレットペーパー芯、ひも

カラーセロハン　ひも　トイレットペーパー芯

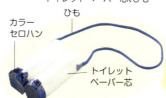

ほかにも、黄、赤など色を変えると、消える色も変わる

博士ごっこ ティッシュでボ〜ン！！　0 1 2 3 4 5 歳児

ティッシュペーパーの空き箱の側面を両手で勢いよく押すと、ティッシュがボ〜ン！
準備物：ティッシュペーパーの空き箱、ティッシュペーパー

- ペットボトルキャップぐらいの穴をあける
- ティッシュペーパーを丸めてのせる
- 空気が漏れないようにすき間を埋める

イメージがふくらむ！かかわりのコツ
飛ばして十分に楽しんだ後、なぜ飛ぶのかを子どもたちと考えてみましょう。

博士ごっこ 輪ゴムペンペン！　0 1 2 3 4 5 歳児

輪ゴムって音が出るよね。どうしたらいい音が出るんだろう？音色の変化にも注目！
準備物：ティッシュペーパーの空き箱、輪ゴム

イメージがふくらむ！かかわりのコツ
指に掛けただけのゴムと、ティッシュペーパーの空き箱に掛けたゴムを弾いた音はどのように違うのかを子どもたちに聞いてみましょう。興味を持つと、自分で作って音を出してみたいという研究熱にスイッチが入ります。

行事へのヒント　たっぷり楽しんだ子どもたちに

博士ごっこは季節によって、感じたり興味を持ったりする内容が変わってくるでしょう。例えば夏は水の不思議、冬では氷の不思議と、水をテーマにしても季節が変わると内容も変わります。発見道具や発見したものを、作品展に展示するのもいいですね。

第2章 なりきりへんしん編 ▶ ワクワクファンタジー

ひゃ〜っ！ おもしろそう！
おばけごっこ

保育のプチ講座
子ども主体を忘れずに

おばけごっこイイネ〜！

子どもの世界には必ずおばけや妖怪が出てきます。恐怖心をあおるものでなく、子どもたちの育ちの目的をきちんとつくり、着地点を明確にして保育をしましょう。例えば、役割や手順などを子どもたち自身で決めたおばけ屋敷はいかがでしょうか。

おばけ妖怪 ゴ〜スト！
 0 1 2 3 4 5 歳児

これさえかぶればおばけになっちゃう！
準備物：カラーポリ袋、色画用紙

〈幼児〉目と口の穴／途中まで切り込み／カラーポリ袋／切り込み
〈乳児〉顔出し穴／色画用紙

イメージがふくらむ！ かかわりのコツ
おばけを見たことがない子どもがほとんどです。「わっ、怖〜い、おばけみたい」と言うと、子どもながらに考え、イメージをして、なりきることでしょう。

めんたまおばけ
 0 1 2 3 4 5 歳児

人間って目がふたつだよね？ でも100個の目ん玉が体中に付いているおばけがいるんだって？

〈服〉
準備物：カラーポリ袋、色画用紙

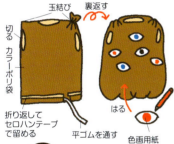
玉結び／裏返す／切る／カラーポリ袋／折り返してセロハンテープで留める／平ゴムを通す／はる／色画用紙

ぜんぶみえてるぞ〜！

〈マスク〉
準備物：カラーポリ袋、厚紙

子どもが見えるよう穴をあける／厚紙バンド

イメージがふくらむ！ かかわりのコツ
「人間には目がふたつあるよね。もし、100個の目ん玉があるおばけがいたらどんなのだろう？」と問いかけてみましょう。「こわい」「たくさんみえる！」など、ひとりひとり思いも違ってきます。「そんなおばけもいるんだ」「どんなんだろう？」と感じることが大切です。

ココが楽しい！おばけごっこ
こわい？ こわくない？ なんだかおもしろそう

自分から変身しちゃえばヘッチャラ！ おばけごっこを楽しもう！

どんどんひろがる ▶▶▶ P.38、39

- デカボチャおばけ
- フランケンシュタイン
- 魔女っこ
- ダンディードラキュラ
- デカぐちおばけ

おばけのファッションショー
0 1 2 3 4 5 歳児

おばけの衣装を着てお披露目です！ クラスやグループで歌やダンスを披露しよう！
準備物：おばけの衣装、P.67のカメラ、BGM

イメージがふくらむ！ かかわりのコツ
リズミカルなBGMを用意するなど、楽しい雰囲気の中で歌やダンスなどを披露できるのも集団生活ならではです。

第2章 おばけごっこ 37

第2章 なりきりへんしん編 ▶ ワクワクファンタジー

まだまだひろがる
おばけごっこ

フランケンシュタイン 0 1 2 **3 4 5** 歳児

すっぽりかぶると一気になりきれる、インパクト大の優しい大男です。

デカボチャおばけ **0 1 2 3 4 5** 歳児

ハロウィンの定番のカボチャ。低年齢児からでも楽しめます。

〈 マスク 〉 準備物：色画用紙、厚紙、平ゴム

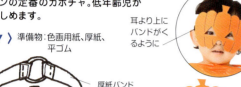

厚紙バンド
穴をあける
色画用紙
鼻のくぼみを作る
耳より上にバンドがくるように

〈 服 〉 準備物：輪ゴム、カラーポリ袋、色画用紙

切る
顔出し穴
玉結び
裏返し
カラーポリ袋
折り返してセロハンテープで留める
平ゴムを通す
黒の画用紙

イメージがふくらむ！ かかわりのコツ
どんな動きかわからなくても、「おばけカボチャだ〜」と保育者が声をかけるだけで子どもたちなりに「ぼくはおばけだぞ」と感じられるでしょう。

〈 お面 〉 準備物：紙袋、トイレットペーパー芯、色画用紙

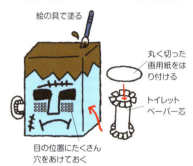

絵の具で塗る
丸く切った画用紙をはり付ける
トイレットペーパー芯
目の位置にたくさん穴をあけておく

〈 チョッキ 〉 準備物：不織布、ビニールテープ

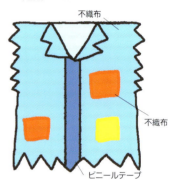

不織布
ビニールテープ

イメージがふくらむ！ かかわりのコツ
「とても体が大きくて、ゆっくり動く、力持ちだよ」など具体的に伝え、表現あそびをするのも楽しいでしょう。

魔女っこ **0 1 2 3 4 5** 歳児

「おかしをくれないとまほうをかけるわよ〜！」

〈 ハット 〉 準備物：色画用紙、厚紙、カラーポリ袋

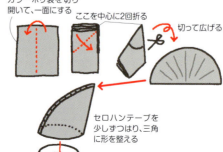

カラーポリ袋を切り開いて、一面にする
ここを中心に2回折る
切って広げる
セロハンテープを少しずつはり、三角に形を整える
厚紙バンドをはる
色画用紙

〈 マント 〉 準備物：カラーポリ袋、色画用紙、スズランテープ

カラーポリ袋
スズランテープ
色画用紙

〈 魔法のつえ 〉 準備物：広告紙、色画用紙

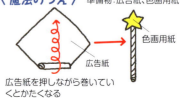

広告紙
色画用紙
広告紙を押しながら巻いていくとかたくなる

イメージがふくらむ！ かかわりのコツ
呪文の言葉や、魔法の種類を考えると、ワクワク感がさらにふくらむでしょう。

ダンディードラキュラ

0 1 2 3 **4 5** 歳児

ステキなダンディードラキュラに変身！

〈ハット〉 準備物：厚紙、色画用紙

〈きば〉 準備物：牛乳パック

〈マント〉 準備物：黒のカラーポリ袋、スズランテープ

〈つえ〉 準備物：新聞紙、色紙

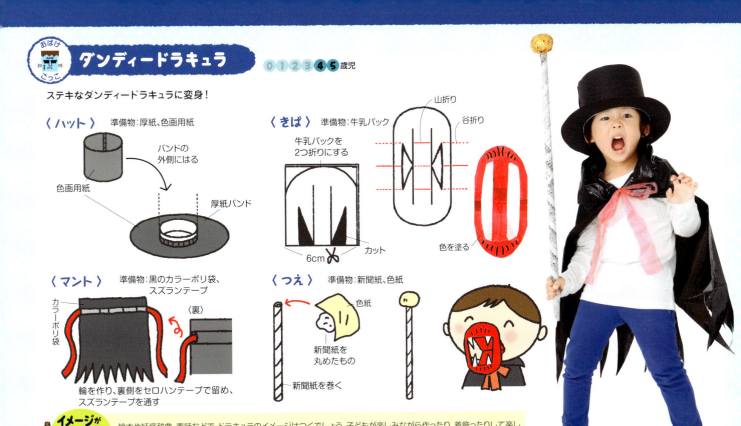

イメージがふくらむ！ かかわりのコツ
絵本や妖怪辞典、素話などで、ドラキュラのイメージはつくでしょう。子どもが楽しみながら作ったり、着飾ったりして楽しめるようにしましょう。

デカぐちおばけ

0 1 2 3 **4 5** 歳児

わたしってキレイ？ マスクを取ったら…。

マスクを取ったら…

〈服〉 準備物：カラーポリ袋

〈口〉 準備物：マスク、色画用紙、輪ゴム

イメージがふくらむ！ かかわりのコツ
こんな人いたらどうする？私ってキレイ？…おばけの世界は子どもの空想の世界でもあるでしょう。言葉のやりとりと想像力、いろいろな可能性を引き出してみましょう。

行事へのヒント たっぷり楽しんだ子どもたちに

誕生会で仮装するのも楽しいでしょうね。ハロウィンパーティーを開くのも展開のひとつだと思います。

第2章 なりきりへんしん編 ▶ ワクワクファンタジー

変身でござる！
忍者ごっこ

忍者の秘密道具！ ０１２３**４５**歳児

忍者の刀、まきびし、手裏剣を持つと一気に忍者になった気分に！

イメージがふくらむ！ かかわりのコツ
「忍者の一大事に身を守るために使うんだよ」と伝えるなど、人へ攻撃するための武器ではないと認識できるようにしましょう。

〈 刀 〉
準備物：新聞紙、牛乳パック、色画用紙
- 新聞紙を丸める
- 牛乳パック
- 灰色の色画用紙を巻く
- 黒画用紙を巻く

〈 まきびし 〉
準備物：ポリ袋、ドングリ（紙粘土でもOK）

〈 手裏剣 〉
準備物：色紙
作り方はP.76

なりきりグッズ ０１２３**４５**歳児

ちょこっと作ってササッと変身！　たちまち忍者に！

「へんしん！にんじゃでござる！」

〈 忍者バンド 〉
準備物：厚紙、色画用紙、色紙、輪ゴム
- 輪ゴム
- 金、銀色の色紙をはる
- 厚紙に黒画用紙をはる

〈 忍者服 〉
準備物：カラーポリ袋、スズランテープ、ビニールテープ、色画用紙
- カラーポリ袋
- V字に切る
- 切る
- ビニールテープ
- スズランテープ

〈 腕の防具 〉
準備物：牛乳パック、輪ゴム、ビニールテープ
- 牛乳パックを切る
- カット
- 輪にする
- 輪ゴム
- ビニールテープ

イメージがふくらむ！ かかわりのコツ
ひとつ身に着けるだけでも、「わぁ、忍者になったみたい！」と言葉をかけると子どもはうれしい気持ちでいっぱいになり、気分はすっかり忍者です。

ココが楽しい！
忍者ってど
忍法を使ったり、手裏剣を

物まねの術 ０１２３**４５**歳児

鳴き声と、ポーズで動物に変身！！

モォ〜／ウキッ／ニャー／コケコッコー！／イヌだよーワンワン！

イメージがふくらむ！ かかわりのコツ
本来は鳴きまねだけで自分の身を守る術です。しかし動きをまねたポーズもとって、完全に動物に変身すると楽しいです！

サッとピタッ！ 忍者ポーズ
0 1 **2 3 4 5** 歳児

忍者っていうのは「サッと」「シュッと」「ピタッと」動きが速いです。リーダーのかけ声ですばやく決めポーズをして、ステキな忍者になろう！

〈 にんにんポーズ 〉　〈 忍者座り 〉　〈 腕組みポーズ 〉

 足はグー 手はにんにん

 立てひざポーズ 手はにんにん

 足はパー 手は腕組み

 イメージがふくらむ！ かかわりのコツ
「忍者はだれにも見つからないように、サッと動いてピタッと止まるんだよ」など、すばやい動きを意識できるようにことばがけしましょう。

 ### 壁ならびの術
0 1 **2 3 4 5** 歳児

壁に沿って、ピタッと止まります。すばやく壁に変身できるかな？

 **イメージがふくらむ！** かかわりのコツ
生活の中で整列するときなどに、「一列並びの術！」などと声をかけてもいいですね。

忍者ごっこ
んなんじゃ？
投げたりするんだぞ！

どんどんひろがる ▶▶▶ P.42、43

 島渡りの術　　 手裏剣しゅっしゅ〜っ！の術

 隠れみのの術　 忍者屋敷つくっちゃお！

 ### 忍び足の術
0 1 2 **3 4 5** 歳児

新聞紙の上を、抜き足…差し足…忍び足…。音をたてたり落ちたりすると、気づかれてしまうぞ！　まっすぐだけでなく斜めやカーブなどバリエーションを増やしていきましょう。

準備物：新聞紙

 ### さっさー走りの術
0 1 2 **3 4 5** 歳児

リズムよく片足ずつジャンプしながら走る修行です。

準備物：フープ

 イメージがふくらむ！ かかわりのコツ
「忍者になって修行をしよう！」と声をかけます。「ハッ！」とか「ヤッ！」など、動きに合わせて声を出すと、なりきり気分も高まります。

 イメージがふくらむ！ かかわりのコツ
新聞紙を破らないようにそーっとそーっと慎重に行くように助言しましょう。破れたら「修行が足りぬ！」です。修繕して再度チャレンジ！

第2章 なりきりへんしん編 ▶ ワクワクファンタジー

どんどんひろがる 忍者ごっこ

島渡りの術

01 2 **3 4 5** 歳児

初めは、狭い幅からチャレンジ！ 行けるかな？ 行けそうだ！ あ〜っ、行けない？ でも行っちゃおう！

準備物：跳び箱、巧技台、マット

 イメージがふくらむ！ かかわりのコツ
安全に十分に配慮しながら、「忍者たるものこれぐらいの島渡り、がんばって跳び越えるのだ！」と言葉をかけると、「ヨシ！ やるぞ！」という気持ちの後押しになります。

隠れみのの術

0 1 2 3 **4 5** 歳児

手作りの壁で、隠れるぞ！ これでだれにも見つかりませ〜ん！

準備物：模造紙、段ボール

イメージがふくらむ！ かかわりのコツ
「顔もしっかり壁にならないと…」こんなことばがけで子どもたちは壁の表情をします。少し笑い顔になってしまいますが、子どものユーモアが出てくる一場面でしょう。

手裏剣しゅっしゅしゅ〜っ！ の術

0 **1 2 3 4 5** 歳児

エア手裏剣で遊んでみましょう。「シュッ」と言って投げた合図を送ると、板の後ろに隠れているお助け忍者が「パン！」と言って、手裏剣を出します。

準備物：段ボール、色紙で折った手裏剣

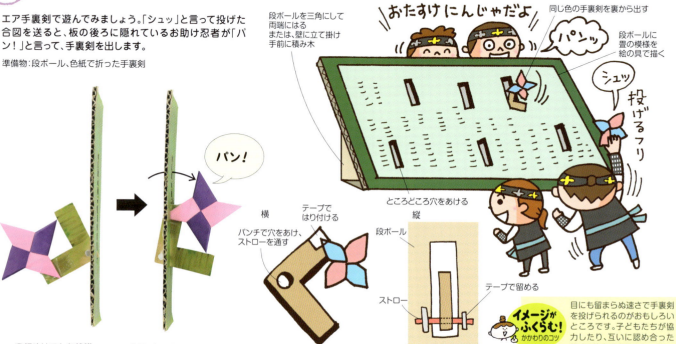

イメージがふくらむ！ かかわりのコツ
目にも留まらぬ速さで手裏剣を投げられるのがおもしろいところです。子どもたちが協力したり、互いに認め合ったりする姿を見守りましょう。

忍者屋敷つくっちゃお！

0 **1 2 3 4 5** 歳児

みんなで意見を出し合いながら段ボールで忍者屋敷を作るぞ〜！
ほかのクラスの友達も招待してみよう！

準備物：段ボール、スズランテープ、新聞紙、運動用具、大型積み木　など

保育のプチ講座

忍者ごっこ　イイネ〜！

忍者といっしょに成長を！

忍者は「強い」「かっこいい」というイメージだからこそ、子どもなりにイメージをして世界観を広げたり、忍者の修行と言って自信を持って取り組んでいこうとしたりする姿を見ているだけでもイイネ！　と言いたいです。強い心を育て、友達を思いやる気持ちも養う。子どもの成長をたくさん伸ばせればいいですね。

イメージがふくらむ！かかわりのコツ
子どもたちの「ここは○○にしよう！」という言葉を聞きましょう。見守るところ、組み立て方のアドバイスなどで声をかけるところ、かかわり方にメリハリをつけてあそびを進めましょう。

行事へのヒント　たっぷり楽しんだ子どもたちに

作品展で、園全体のテーマを忍者屋敷にして、各クラスの部屋は新たに作った作品やこれまでの作品などを展示。廊下や階段などを装飾しても楽しい雰囲気になること間違いナシ！
運動会では、これまで取り組んできた忍術でサーキットにしてもおもしろいでしょう。また、その姿を見ていた異年齢児が忍者になってダンスや競技に取り組んでもいいですね。

第2章 なりきりへんしん編 ▶ ワクワクファンタジー

今日はどんなおはなしにする？
おはなしごっこ

おはなしあそび
0 1 2 **3 4 5** 歳児

好きなお話から始まる遊びも、衣装を身に着けると一気に盛り上がります。
準備物：それぞれのお話に必要な小道具

イメージがふくらむ！ かかわりのコツ
お話に必要な環境（道具など曲も含む）を子どもとやりとりをしながら、整えることが必要でしょう。

〈 オオカミと7ひきの子ヤギ 〉

スカーフつけたらおかあさんヤギ！
オオカミのしっぽおおきいよ

〈 3びきのヤギ 〉

さんにんおそろい！
これをはしにしよう！

動物なりきりグッズ
0 **1 2 3 4 5** 歳児

ちょこっとアイテムで動物に変身！

〈 身ぐるみ 〉
準備物：カラーポリ袋(茶・白)、平ゴム

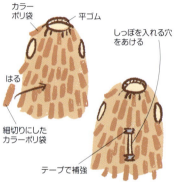
カラーポリ袋
平ゴム
しっぽを入れる穴をあける
はる
細切りにしたカラーポリ袋
テープで補強

〈 しっぽ 〉
準備物：カラーポリ袋(茶・白)、平ゴム、新聞紙

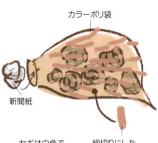
カラーポリ袋
新聞紙
ヤギは白色で少し小さめに作る
細切りにしたカラーポリ袋

イメージがふくらむ！ かかわりのコツ
子どもたちは知っているお話を初めから最後まで、知っているままに進めることを喜びます。変に脚色してしまうとわからなくなりますので、注意しましょうね。

たべちゃうぞ！
わ～！

ココが楽しい！
なりたいものになりき
どの役もみんなで交代

パパ&ママ
0 1 **2 3 4 5** 歳児

ままごとの延長上で繰り広げられる子どもの世界。パパとママが出てくるお話はたくさんありますね。

ごはんですよ

〈 シャツ 〉
準備物：カラーポリ袋
はる
カラーポリ袋
カラーポリ袋
はる

〈 スカート 〉
準備物：カラーポリ袋、平ゴム
平ゴム

〈 三角巾 〉
準備物：不織布
不織布
カラーポリ袋
フェルトペン

保育のプチ講座
自由な発想から広がるあそび

おはなしごっこ イイネ〜!

お話をもとにして遊んでいくことは、子どもたちの中でイメージの共有ができているということです。保育者はそのあそびの中で、子どもたちの言葉や動き、または子ども同士のかかわりなどを見守ることが大切です。もとのお話から、子どもの活動によってどのようにも遊べるのがごっこあそびのいいところです。

なりきり王子様とお姫様
0 1 2 ③ ④ ⑤ 歳児

かんたん衣装でいろいろなやりとりを楽しもう! 王冠とティアラで気分もアップ!

〈 王子様のマント 〉
準備物：カラーポリ袋、スズランテープ、ビニールテープ

〈 お姫様のドレス 〉
準備物：カラーポリ袋、不織布、面ファスナー、厚紙、画用紙

〈 王冠・ティアラ 〉
準備物：厚紙、アルミホイル、色画用紙、カラーセロハン

型紙はP.79へ

おはなしごっこ
ってみんなであそぼう!
しながら楽しもう!

イメージがふくらむ! かかわりのコツ

衣装を着れば、子どもたちはあそびの世界をどんどん広げていきます。率先してなりきったり、衣装を身に着けているだけで満足したり、ひとりひとり世界観が異なります。
保育者は見守りながら時折あそびにも入ってやりとりをしましょう。足りないアイテムがあれば準備をしましょう。

行事へのヒント たっぷり楽しんだ子どもたちに

発表会を見据えて遊ぶのであれば、小道具も子どもたちと作っていくと思いが深まります。

イメージがふくらむ! かかわりのコツ

ままごとではパパ、ママ、子ども、赤ちゃんなど子どもたちの中で役割が決められていきます。その中でよりその登場人物になりきれるように環境を整えましょう。子どもたちが繰り広げるあそびに少し援助できるように、保育者は心がけましょう。

第3章 お店やさん編

★おいしいたべものやさん

大きくなったらなりたいな～
ケーキやさんごっこ
▶ P.48～

チラシでおしらせ！ など

なにのもっかな～?!
ジュースやさんごっこ
▶ P.50～

まぜまぜジューサー!! など

見ているだけでワクワク・ドキドキ！
だがしやさんごっこ
▶ P.52～

行事へのヒント など

焼きたてですよ～！
パンやさんごっこ
▶ P.54～

なりきりグッズ など

にぎってつくろう！
おすしやさんごっこ
▶ P.56～

なりきりグッズ など

何作って遊ぶ？
ラーメン・そば・うどんやさんごっこ
▶ P.58～

ガラガラどんぶり など

どんなお店にしようかな？　友達とお話するだけでもワクワク！　お店の品物を作って遊んでドキドキ！　子どもたちが力を合わせ、自由な発想で、自由なやりとりで遊んでみましょう！「たのしい！　おもしろい！　またあそぼう！」がギュ〜ッ！　と詰まったテーマです。とことん楽しんでみましょう。

早くておいしい！
フードコートごっこ
▶ P.60〜

ピザやさん　など

いろんなものを焼いちゃおう！
シェフ&マグロの解体ショーごっこ
▶ P.62〜

でっかいマグロの解体ショー！　など

★そのほかのお店やさん

楽しくなりきり・ワクワク変身
ミラクル変身ショップ
▶ P.64〜

おしゃれネイル　など

自分のカメラで写真を撮ろう！
カメラごっこ
▶ P.67〜

カメラを持ってカメラマン　など

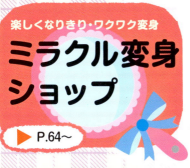

次はどれして遊ぶ?!
夜店（縁日）ごっこ
▶ P.68〜

ポッていと&フランくるくるト　など

ちょこっと変身グッズくじ引き　など

第3章 お店やさん編 おいしいたべものやさん

大きくなったらなりたいな〜 ケーキやさんごっこ

手作りケーキ バリエーション

〈 ミニミニケーキ 〉 0 1 2 3 4 5 歳児

ちょっとのあそびでおいしいケーキができちゃう！ 土台を作れば、デコレーションだけでも楽しめます。

準備物：土台：ペットボトルキャップ
飾り用：手芸用ポンポン、発泡トレイ

- 発泡トレイを切り色をつける
- 手芸用ポンポン
- ビニールテープを巻く
- ペットボトルキャップ

イメージがふくらむ！ かかわりのコツ

誕生日やクリスマスから、ケーキのイメージが持てるでしょう。小さくてもそれをケーキと感じられれば子どもにとってうれしいものです。子どもの素朴なイメージを大切にしていきましょう。

〈 まきまきロールちゃん 〉 0 1 2 3 4 5 歳児

クルクル巻くだけのかんたんケーキ。子どもは材料を載せて、保育者が留め、最後にいっしょにまきまき！

準備物：段ボール（5cm幅×40cm）、プチプチシート、ティッシュペーパー

段ボールの上に、プチプチシート、ティッシュペーパー、プチプチシートの順に載せ、巻く。それぞれテープで留める。

イメージがふくらむ！ かかわりのコツ

本物のロールケーキを見てもいいですね。「おいしいロールケーキを作ってみる？」のことばがけで興味を持つ子どもから作ってみよう。

紙コップケーキシリーズ 0 1 2 3 4 5 歳児

紙コップがいろいろなケーキに大変身！ ひとつできたら、次はどんなケーキ？ たくさん作っちゃおう！

準備物：土台：紙コップ（短く切っておく）

〈 プリン 〉
準備物：モール、ミニゼリーカップ

- 穴をあけモールに接着剤を塗って差し込む
- ミニゼリーカップに赤色の色紙を丸めて入れてはり付ける
- カラメル、プリンの色を塗る

〈 ショートケーキ 〉
準備物：ポリ袋、毛糸、色紙

- 色紙をイチゴ型に丸めて、ポリ袋の角に入れ、はる
- 両面テープをはり、毛糸を巻き付ける

〈 モンブラン 〉
準備物：茶封筒、色紙、ティッシュペーパー

- 色紙でティッシュを包み、はる
- 紙コップを茶色に塗り、両面テープをはって細く切った茶封筒を縦横方向にはり付ける

なりきりグッズ 0 1 2 3 4 5 歳児

オリジナルのパティシエ、パティシエールのエプロンを作ろう！

準備物：プチプチシート、カラーポリ袋、レース紙

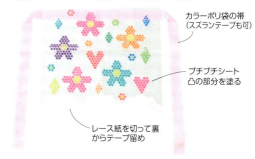

- カラーポリ袋の帯（スズランテープも可）
- プチプチシート 凸の部分を塗る
- レース紙を切って裏からテープ留め

イメージがふくらむ！ かかわりのコツ

「ケーキやさんのエプロンってどんなのかな？」と言葉のやりとりをしてイメージを広げていくのもいいでしょう。「おはなのもよう」「ぼくでんしゃ！」「わたしは…」など言葉と思いがしっかりマッチし、取り組む意欲に転換していけるように進めましょう。

ココが楽しい！ おいしいケーキ

見たことある！ 食べたことある！

〈 ティラミス 〉
準備物：プチプチシート、モール

- モールをえんぴつに巻き付け、はる
- 茶色と白色を交互に塗る
- 両面テープをはり、1.5cm幅に切ったプチプチシートをはり付ける

イメージがふくらむ！ かかわりのコツ

「できた！ うれしい！」そんな子どもの気持ちを大切にするには、かんたんにできるもの、材料も身近にあるものがいちばんです。

保育のプチ講座

あこがれを実現する

パティシエは大人気のお仕事です。かわいい、おいしいケーキを作ってみたい！ という気持ちが心の中にあるのでしょう。このごっこあそびから夢を実現する子どもも出てくるかもしれません。「夢」をあそびで「ちょこっと実現」していきましょう。

みんなのケーキやさん　0 1 2 3 **4 5** 歳児

ショーケースにケーキを並べて、ケーキやさんの準備中！ 友達を誘っちゃおう！

準備物：テーブル、段ボール、クリアフォルダーを広げたもの、紙皿、トング、牛乳パック、トレイなど

表

いらっしゃいませ～！

カラーポリ袋の帯 スズランテープも可

カラーポリ袋

長いデザインの絵を描く。巻き付けてもどの方向からも見えるように

ケーキやさんごっこ
作りた～い！
そんなケーキをみんなで作って遊ぼう！

裏

段ボールのついたて（ショーケース）　小窓風に（補強のため）　クリアフォルダーを広げたもの

牛乳パックの上にトレイやペーパーナプキンを敷き、ケーキを置く

どんどんひろがる ▶▶▶ P.50

 わぁ～、おっきいケーキ！　 こねこねさくさくクッキー

 チラシでおしらせ！　0 1 2 3 4 **5** 歳児

ケーキやさんをみんなに知ってもらおう！ グループでの製作もオススメです。

準備物：コピー用紙（A4の1/2サイズ）、ケーキの写真など

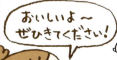
おいしいよ～ぜひひいてください！

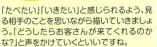

イメージがふくらむ！ かかわりのコツ

「たべたい」「いきたい」と感じられるよう、見る相手のことを思いながら描いていきましょう。「どうしたらお客さんが来てくれるのかな？」と声をかけていくといいですね。

イメージがふくらむ！ かかわりのコツ

ケーキやさんに入るといちばん印象に残るのがケーキの入っているショーケースです。これがあるだけで「お～っ！ ケーキやさん」と感じますね。

第3章　ケーキやさんごっこ

第3章 お店やさん編 ▶ おいしいたべものやさん

どんどんひろがる
ケーキやさんごっこ

わぁ〜、おっきいケーキ！　0 1 **2 3 4 5** 歳児

ケーキの生地を型に入れて、ひっくり返したらスポンジケーキのでき上がり！
後はデコレーションしよう！　誕生日やクリスマスのケーキも！

〈 ぎゅぎゅっとケーキ 〉
準備物：洗面器、包装紙、新聞紙、厚紙、空き容器、色紙、ペットボトルキャップ

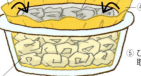

① 洗面器に包装紙を敷く
② 新聞紙を丸めてギッシリ詰める
③ 円形に型取った厚紙を乗せる
④ 包装紙をはり付ける
⑤ ひっくり返して取り出す
⑥ 色紙を丸めてはる。ペットボトルのキャップを付ける

〈 だんだんケーキ 〉
準備物：プリンカップ、色紙など
大きさの違うカップに色を塗り逆さまにして重ねる

プリンカップや色紙を丸めたものなどでデコレーション

イメージがふくらむ！ かかわりのコツ

友達といっしょに楽しんで作る姿を見守ったり、年長児近くになれば言葉のやりとりであそびを展開できるように進めたりしていくのがいいでしょう。2・3歳児では「色紙で作ってみる？」などとあそびが広がるきっかけを援助していきましょう。

こねこねさくさくクッキー　0 1 **2 3 4 5** 歳児

実際に材料を混ぜて、こねてクッキーを作ります。丸めるだけでも楽しい！
卵、牛乳アレルギー対応の材料を使っています。

準備物：薄力粉50g、砂糖10g、サラダ油20g、ボウル（おおよそ5人分）
① 材料をボウルに入れてよく混ぜる。
② 小分けにして丸める。
③ 180℃に熱したオーブンに入れ15分ほどででき上がり。
（やけどに注意して、保育者が行ないましょう）

イメージがふくらむ！ かかわりのコツ

「ケーキやさんにはクッキーもあるよ！」と声をかけながら作ってみましょう。3歳児なら分量を量っておいて入れていく、4・5歳児なら丸るところから。自分で作ったものを食べる喜びを感じられるようにしていきましょう。

行事へのヒント　たっぷり楽しんだ子どもたちに

行事の一環で開催するバザーや、クリスマス会でケーキをほんとうに配ぜんしたりするのもいいですね。子どもの一生懸命な姿を見守りましょう。

おいしいジュースはいかがですか〜？　0 1 2 3 **4 5** 歳児

いろいろな素材で、手作りジュースを作ろう！
準備物：プラカップ、ストロー

ブドウジュースどうぞ！

〈 色紙にぎにぎジュース 〉
準備物：色画用紙
色紙をギュッと丸めて入れる

〈 くるりんジュース 〉
準備物：色画用紙
画用紙を丸めて入れるだけ

〈 プチプチジュース 〉
準備物：プチプチシート
プチプチシート
ここを油性フェルトペンで塗る

〈 シュワシュワジュース 〉
準備物：ポリ袋
お客さんがふくらませる
色を塗る
切る
テープ留め
個人用にすること。店員は、コップに入れて出すだけ

〈 お持ち帰りジュース 〉
準備物：ペットボトルなどの空き容器、絵の具

 500ml　 350ml

中にアクセントになるビーズやスパンコールなどを入れてもOK。キャップは、ビニールテープを巻く

イメージがふくらむ！ かかわりのコツ

「これ何ジュースかな？」と言葉をかけていくと、子どもたちもさまざまなジュースの名前を言って作っていけるでしょう。「お持ち帰りジュース」は、色が混ざる不思議を年齢ごとに感じてみましょう。

第3章 お店やさん編 ▶ おいしいたべものやさん

なにのもっかな〜?!
ジュースやさんごっこ

保育のプチ講座

ジュースやさんごっこ イイネ〜!

子どもの姿をよ〜く見守って

しかけから子どもが何を感じるのか、どんな言葉が出てくるのか、どう発展するのか…。たくさんのおもしろみを含んだあそびです。ジュースというひとつのお店で、広がりが少ない分、作って楽しむ、やりとりをして楽しむことを大切にし、子どもたちのようすを見ながら感じていることや表情などを見守っていくことも大切でしょう。

まぜまぜジューサー!!

0 **1 2 3 4 5** 歳児

好きな味のジューサーの前にコップを置いてもらい、ジューサーのスイッチON!
注ぎ口からジュースが出るよ!

準備物:牛乳パック4本、ペットボトルキャップ、カラーポリ袋(B5サイズ)、クリアフォルダー、発泡トレイ、平ゴム、スズランテープ、ストロー、トイレットペーパー芯

① スイッチを押す
↓
② スズランテープのボンボンを揺らし、混ぜる
↓
③ はいどうぞ! ポリ袋を入れる
↓
④ お客さんに引っ張ってもらう

イメージがふくらむ! かかわりのコツ
スイッチを入れて「ウィーーーン!」と言ったり、「はいどうぞ!」、「ジャーッ!」などと言葉と音のやりとりでイメージを共有します。

カップ製作所

0 1 **2 3 4 5** 歳児

オリジナルカップを作ってジュースを飲もう!
ジュースは同じ種類をたくさん作ってみよう!
色画用紙に描いたものをはり付けてもOK。

準備物:プラカップ、紙コップ、色画用紙 など

イメージがふくらむ! かかわりのコツ
使い捨てを使い捨てに終わらせないで、ものを大切にするというねらいもありますが、ひとつひとつ手を加えることによって愛着がわくものです。「これでおいしいジュース飲もう!」と声をかけたり、ジュースのイラストや写真をまねてもいいでしょう。

ココが楽しい! ジュースやさんごっこ
ジュースを混ぜて出てくるところがおもしろーい!
作り出すところから、お店の人とやりとりをしていただくところまでワクワクするよ!

ジュースけん かってください!

0 **1 2 3 4 5** 歳児

ボタンを押して、欲しいジュースの券をGETしよう!
券を自分で作っても楽しいよ!

準備物:段ボール、クリアフォルダー、牛乳パック

表 / 裏
イラストをはりクリアフォルダーをかぶせ、ビニールテープをはる
券を入れる口
ペットボトルキャップ
取り出し口

切った牛乳パックに色画用紙をはる

イメージがふくらむ! かかわりのコツ
券売機の操作音を1回1回言うことで、券が買える、自動だが自動でない、子どもたちのやりとりがぎゅっと詰まっています。

行事へのヒント たっぷり楽しんだ子どもたちに

季節の花などを水につけてジュースを作ってみましょう。どの花がどんな色を出すのかなど、子どもといっしょに考えたり、いろいろな花を探して研究してみたりするのもおもしろいですね。

第3章 お店やさん編 ▶ おいしいたべものやさん

見ているだけでワクワク・ドキドキ！

だがしやさんごっこ

みんなのだがしやさん 0 1 **2 3 4 5** 歳児

お菓子やおもちゃの商品を並べて駄菓子やさんのスタート！　子どもたちの目線の高さに合わせて商品を並べるのが、ワクワクする秘密です。

イメージがふくらむ！ かかわりのコツ
小さなカゴを用意しておくと自分で好きなものを選ぶ楽しさが倍増します。

いろいろおかし

味を変えたり、形を変えたり、繰り返し遊びながら作れるのがいいところ！　たくさん作って箱やボトルに入れて、陳列してみよう！

〈 フルーツゼリー 〉 0 1 **2 3 4 5** 歳児

いろいろな味に見たてた色紙をゼリーカップに詰めたらかんたんゼリーのでき上がり！テープ留めは保育者がしましょう。

準備物：ミニゼリーカップ、色紙、ペットボトルキャップ

 色紙を詰める
 ペットボトルキャップをはめ、テープ留め

イメージがふくらむ！ かかわりのコツ
このカップを見ただけで「じぇりー」と答えてしまう乳児クラス。色紙を詰めるだけで味まで想像し、興味が広がるでしょう。

〈 ふわふわラムネ 〉 0 1 **2 3 4 5** 歳児

ハサミで切って（一回切り）入れるだけ！　ふわふわしたおいしいジューシーラムネを作ろう！

準備物：緩衝材、チャック付き小袋

 緩衝材を切る

〈 アメ 〉 0 1 2 **3 4 5** 歳児

アタリが出るかな？　どの味にしようかな？迷ってしまう…。

準備物：ティッシュペーパー、アルミホイル、カラーセロハン

丸めたティッシュペーパーをアルミホイルで包み、カラーセロハンでくるんでねじる

イメージがふくらむ！ かかわりのコツ
「この色何味かな？」「イチゴ？　コーラ？」など言葉のやりとりをしながら選びましょう。4・5歳児ではカラーセロハンの内側下端に「あたり」「はずれ」と書くともっとおもしろくなります。

〈 カレーせんべい 〉 0 1 2 **3 4 5** 歳児

子どもたちに大人気のメニューであるカレーをせんべいに。
せんべいにカレー色の絵の具を塗るだけで「おいしそ～！」と思ってしまうほどです。
かんたんにたくさん作れます。

準備物：段ボール（直径9～10cmの円形に切る）、絵の具

ココが楽しい！

ど・れ・に・し・

お店に入るだけでワクワク、

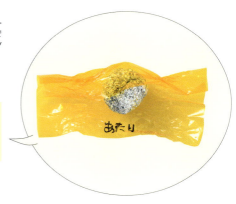

円形に切った段ボール　／　カレー味の色を塗る

イメージがふくらむ！ かかわりのコツ
4・5歳児は絵の具を混ぜる段階から試行錯誤するのもいいでしょう。
せんべいへの思い入れが変わってきます。

保育のプチ講座

心弾む体験を

保育の中で、昔からある良いもの、今現在ある良いもの、両方を取り入れることはとてもすばらしいこと。作るだけでおもしろい、並べるだけでワクワクする、子どもたちが夢中になれるモトがあると思います。保育者も子どもといっしょに楽しむよう心がけてください。

いろいろおもちゃ

0 1 **2 3 4 5** 歳児

駄菓子やさんに入ると、目に飛び込んでくるのはあこがれのおもちゃ。すぐ手に取って「これほしいなぁ」と思うようなおもちゃが並んでいればうれしいですね。作って遊べるおもちゃを並べてみましょう！

〈 くるくるデザインごま 〉 0 1 2 **3** 4 **5** 歳児

こまに模様を描いて綿棒の芯を差し込むだけ！
回すとどんな模様かな？

準備物：段ボール、綿棒

こんな模様に！

裏 ／ 穴を開けて、1/2に切った綿棒を差す ／ 直径7cmの円に切った段ボール

イメージがふくらむ！ かかわりのコツ
保育者が描いて回してみましょう。「オ〜ッ！」という声が聞こえてくるかもしれません。模様を描いては回し、描いては回す。繰り返していくうちにステキなこまができるでしょう。

〈 めんこ 〉 0 1 2 3 **4 5** 歳児

オリジナルの絵を描いためんこをたくさん作ろう！

準備物：牛乳パック、色画用紙、ビニールテープ

  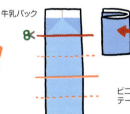

牛乳パック／一面を4つ折りにする／画用紙にイラストを描いてはる／ビニールテープをはる

イメージがふくらむ！ かかわりのコツ
折って、描いて、はる、これだけで重みが出て地面に投げ打った感じが出ます。画用紙でイラストを添えれば世界に1枚だけのめんこができます。

だがしやさんごっこ
よ・う・か・な？

選ぶのもドキドキ、作るのも楽しい！

〈 紙コップリリアン 〉 0 1 2 3 **4 5** 歳児

紙コップと綿棒でかんたんリリアン！
同じやり方を繰り返すだけでステキな編み物ができます。

準備物：紙コップ、綿棒、毛糸

穴をあける／ビニールテープで留める／紙コップ

①星型に引っ掛ける ②ひと回りさせる ③引っ掛けた糸をすくい上げる ④5つの頂点で繰り返す ⑤②③④を繰り返す

イメージがふくらむ！ かかわりのコツ
できた作品を並べておくのもいいでしょう。同じ工程の繰り返しですが、少しずつできてくるのを見て作品作りに夢中になることでしょう。

〈 あやとり 〉 0 1 2 3 **4 5** 歳児

長さを測って結べるかな？

準備物：毛糸、チャック付き小袋、ビニールテープ

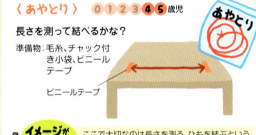

ビニールテープ

イメージがふくらむ！ かかわりのコツ
ここで大切なのは長さを測る、ひもを結ぶという2点です。ここからここまでという印があれば同じ長さを測ることができます。結ぶ際は指先を使って繰り返しチャレンジしてみましょう。小袋にも"あやとり"と書いてもおもしろいですね。

〈 ふがし 〉 0 1 2 **3 4 5** 歳児

新聞紙をかたどり、色を塗って、ポリ袋に入れると、ふわふわふがしのでき上がり！

準備物：トイレットペーパー芯、新聞紙、ポリ袋

新聞紙／取り出す／茶色に塗る／四角形に折ったトイレットペーパー芯／ポリ袋で包む

イメージがふくらむ！ かかわりのコツ
ふがしって何？ クエスチョンマークばかり付くかもしれません。実物を見てもいいでしょう。「かるーい、ふわっとしたお菓子」「甘くて食べやすいお菓子」と見た目や味なども伝えるといいでしょう。

行事へのヒント　たっぷり楽しんだ子どもたちに

作品展には、「だがしやさん」の看板や、店舗を思わせるような感じに並べて展示するとおもしろいでしょう。

第3章　だがしやさんごっこ　53

第3章 お店やさん編 ▶ おいしいたべものやさん

焼きたてですよ〜！
パンやさんごっこ

粘土でこねこねパン作り！

0 1 **2 3 4 5** 歳児

さまざまな形に変化する粘土をこねこねして、パンを作ってみよう！

準備物：乳児…小麦粉粘土
　　　　幼児…油粘土、小麦粉粘土、紙粘土

〈 油粘土で 〉 2歳児は丸めるだけでもOK。
3〜5歳児は個々にできそうなものを作ろう

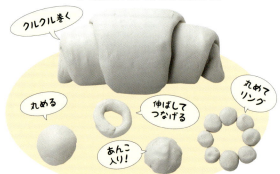

- クルクル巻く
- 丸める
- 伸ばしてつなげる
- あんこ入り！
- 丸めてリング

超かんたん蒸しパンケーキ！

0 1 2 3 **4 5** 歳児

どんどん大きくなる不思議なパンケーキ。準備を考え、衛生面ではつめを切る、手を洗うことを学び、作る手順なども覚えていきます。

準備物：◎市販のホットケーキのもと100g
　★卵1個
　★砂糖20g
　★牛乳50cc
　★サラダ油25cc
　紙コップ

① ★印を混ぜる
② ◎印と混ぜる
③ 紙コップに半分入れる
④ 電子レンジ500W4〜5分ででき上がり
※紙コップにあらかじめ切り込みを入れておくとはがしやすい

イメージがふくらむ！ かかわりのコツ
お客さんに実際に食べてもらって、味など感想を言ってもらえるようにするとうれしさが倍増します。

ココが楽しい！
どんなパンに
どんなパン作ろうかな？

〈 コッペパン・フランクフルトパン 〉

準備物：茶封筒（長形3号）、新聞紙

- 茶封筒
- 裏返す
- 新聞紙を丸めて入れて、テープ留め
- 色画用紙をはり付ければフランクフルトパンに!!

いろいろな素材で作ってみよう！

0 1 **2 3 4 5** 歳児

おいしいパンをいろいろ作ってみよう！

〈 ドーナツ 〉 準備物：色画用紙、ティッシュペーパー

- 色画用紙
- 丸型に切り取る ×2
- テープで留める
- ティッシュペーパーをねじって挟む

〈 サンドウィッチ 〉
準備物：段ボール、オーロラ紙、不織布、色画用紙

- もんだオーロラ紙、不織布、色画用紙
- 段ボール
- 挟む

〈 もちもちドーナツ 〉
準備物：色紙、ポリ袋

- ポリ袋
- 丸めた色紙
- ねじってテープ留め

〈 マフィン 〉
準備物：紙コップ、新聞紙、色紙

- 新聞紙を詰めて、色紙で覆う
- 紙コップ
- シールをはったり、イラストを描いたりしてデコレーション！

イメージがふくらむ！ かかわりのコツ
絵本や広告などを見ながら「このパンはこれでつくる！」など、素材の違いや期待感を持ちながら楽しんで作っていきましょう。

保育のプチ講座 思いもこねこねふくらませよう

パンやさんごっこイイネ〜！

子ども同士の言葉のやりとりや、表現方法など、ユニークな子どもの姿が見られます。クッキングを通して、準備物、調理方法や伝え方、衛生面やアレルギー対応など、保育者自身も子どもといっしょに学べるいい機会になるでしょう。

〈 小麦粉粘土で 〉 小麦粉粘土で作ったパンを、オーブントースターで焼いてみよう！アルミホイルをかぶせて15分程度。こんがり焼き目ができますよ。

なりきりグッズ

０ １ ２ **３ ４ ５** 歳児

パンやさんのエプロンと帽子を作ってみよう！

〈 コック帽 〉
準備物：画用紙、レジ袋

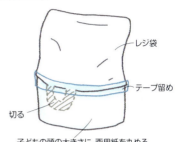

レジ袋 / テープ留め / 切る / 子どもの頭の大きさに、画用紙を丸める

〈 紙粘土で 〉 色つき粘土を使っても楽しいですね。

いろいろな色の粘土を挟もう！

イメージがふくらむ！かかわりのコツ

「どんなパンにしようかな？」と絵本を見たり、手あそび（『パン屋さんにおかいもの』など）をしたりして、思いをはせながら丸めたり伸ばしたりして形を作ってみましょう。

〈 エプロン 〉
準備物：不織布、スズランテープ

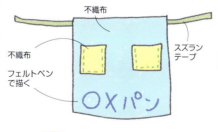

不織布 / スズランテープ / フェルトペンで描く / ○×パン

パンやさんごっこ

しようかな〜？

お買い物も楽しいね♪

イメージがふくらむ！かかわりのコツ

「パンやさんみたい！」ではなく、「おいしいパンが作れそうね」と、次の活動に意欲が出るような言葉をかけるようにしましょう。

ぱんぱんパンやさん

０ **１ ２ ３ ４ ５** 歳児

作ったパンを並べてパンやさんの開店です！異年齢で遊んでも楽しいです。パンやさんはお客さんに声をかけて楽しい雰囲気をつくりだせるようにしましょう。

準備物：発泡トレイ、紙皿、紙ナプキン

〈 割りばしトング 〉
洗濯バサミ / ビニールテープ / 割りばし

やきたてですよ！
にんきナンバーワンのしょうひんです！

行事へのヒント / たっぷり楽しんだ子どもたちに

作品展で、実際に経験したものを展示してみましょう。レシピを置いて、親子でも楽しめるきっかけにできればいいですね。

イメージがふくらむ！かかわりのコツ

パンやさんの仕事を子どもたちでいろいろと考えてみましょう。トング、トレイを戻したり、パンを補充したりと細かな役割をみんなで担っていきましょう。

第3章 お店やさん編 ▶ おいしいたべものやさん

にぎってつくろう！
おすしやさんごっこ

ポーズでおすしごっこ

0 1 2 3 **4 5** 歳児

全身を使っておすしになってみよう！
友達と言葉のやりとりをしながら、形作りを楽しんでいくことが大切です。

こねこね粘土で作ろう！

0 1 2 **3 4 5** 歳児

シャリを作って見たてるだけでも3歳児にすれば楽しいことです。
年齢が上がるにつれ、細かな活動もできるのが粘土あそびの楽しいところですね。

準備物：油粘土、小麦粉粘土、紙粘土

イメージがふくらむ！かかわりのコツ
友達と言葉のやりとりをしたり、どんなおすしを作っているのかを見たりしましょう。ヒントを得て自分で考えて作っていきましょう。

イメージがふくらむ！かかわりのコツ
ふたりから4〜5人でおすしに変身！グループでのあそびに変化させながら周りの友達とのかかわりを深め、話し合いをすることでさまざまな表現方法が生まれてきます。

ココが楽しい！
おすしにぎにぎ
おすし食べたよ。また食べたいな。

いろいろな素材で作ってみよう！

0 1 2 **3 4 5** 歳児

本物みたいなおすしを作ってみよう！ シャリに載っていたらおすしに見えますが、なんのおすしか考えながら、素材の生かし方や表現方法を変えていくと楽しさも深まるでしょう。

イメージがふくらむ！かかわりのコツ
子どもたちがふだん食べているものや食べやすいもの、理解しやすい材料を使っているおすしを子どもと話し合ってピックアップしてもいいでしょう。

〈 タコ 〉
準備物：プチプチシート

縁だけ赤く塗る

〈 ぐんかん巻き 〉
準備物：色画用紙、プチプチシート、色紙、ドングリ・木の実など

〈 たまご 〉
準備物：段ボール、色画用紙

〈 エビ 〉
準備物：色画用紙

カット　パスで描く　かための絵の具

〈 いなりずし 〉
準備物：茶封筒、ティッシュペーパー

カット
丸めたティッシュペーパーを詰める

〈 しゃり 〉
緩衝材　コピー用紙をちぎって丸める　ティッシュペーパーをちぎって丸める

第3章　おすしやさんごっこ

保育のプチ講座

ひとりで、みんなでつくりだす喜び

おすしやさんごっこ
イイネ〜!

「いらっしゃい!」など威勢のいいかけ声が聞こえてくるでしょう。つくりだすことに重きを置くと子どもたちの思いがふくらんでいきます。子どもたちの細やかな活動に寄り添いながら、どのようにあそびを進めていくかがこのあそびのカギです。おすしやさんに行ったことのある子どもが増えると、「これもいるなぁ」「ここはこうしよう」とひとりでの取り組みから、グループでの取り組みに変化する楽しさも経験できればと思います。

なりきりグッズ

0 1 2 **3 4 5** 歳児

3歳児はあらかじめ折ってあるものに模様をつけるなどしましょう。4〜5歳児は順に折っていくといいでしょう。おすしやさんのイメージはひとりひとり違うものです。
オリジナルに、ステキな制服を作ろう!

〈 帽子 〉　準備物:A3かB4のコピー用紙
（またはそれに代わるもの）

折り方P.77へ

〈 エプロン 〉　準備物:紙袋、スズランテープ

スズランテープを付け、前でくくる

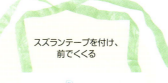

紙袋を広げる

イメージがふくらむ! かかわりのコツ
活気が大切になるでしょう。おいしくいただくのも板前さんの活気とお客さんへの思いやり。そのような気持ちでなりきれるようにしていきましょう。

おすしやさんごっこ
へいおまち!
作ろうか! どんなおすし作る?

GO! GO! おすしぶね

0 1 2 3 **4 5** 歳児

ひとつひとつのおすしをお客さんまで大切に運ぶということも大切ですね。落とさないようにそっと運んでみましょう。テーブルをつなげ、おすし舟を連結させてもおもしろいぞ!

準備物:牛乳パック、ストロー、たこ糸、紙皿、色画用紙

イメージがふくらむ! かかわりのコツ
ごっこあそびを楽しむ中で、子ども同士で決めたルールが生じます。そのルールでスムーズにあそびが進行していくかどうかを見守りながら、保育をしていきましょう。

行事へのヒント　たっぷり楽しんだ子どもたちに

ほかの食べ物やさんごっこと平行して進めているなら、クラス全体でどこにでも所属できる環境を整えると大きく広がります。今日はおすしや、明日はパンや、その次は…と子どもが日替わりで遊べる場所を構成していきましょう。

第3章 おすしやさんごっこ

第3章 お店やさん編 ▶ おいしいたべものやさん

何作ってあそぶ?
ラーメン・そば・うどんやさんごっこ

身近な素材でチャレンジ麺！
0 1 **2 3 4 5** 歳児

身近な素材を具に見たてて、オリジナル麺を作ってみよう！

準備物：小麦粉粘土、ドングリ、葉っぱ、ストロー、プリンカップ など

ガラガラどんぶり

0 1 2 3 **4 5** 歳児

ラーメン、うどん、そばやさんにはその店オリジナルの丼があります。
スチロール丼に模様を描いてみよう！

準備物：スチロール丼

うすまき　　矢印　　たてたてよこよこ

ハート＆お花　　中華風

イメージがふくらむ！ かかわりのコツ
同じ模様を繰り返し描いていくことでステキな丼ができ上がります。じっくり、同じ間隔で描けるように、集中力が持続するよう、時間配分に考慮しましょう。

イメージがふくらむ かかわりのコツ
細長い小麦粉粘土を見て、「ラーメン！」「うどん」と声が聞こえたら、「じゃあ、何か載せよう！」と言葉をかけてみましょう。「○○ラーメン」などタイトルをつけて飾ってもいいですね。

ココが楽しい！ラーメン・
おいしそうなラーメン
見ておいしい、食べっこして

麺と具材を組み合わせて、こだわりのイッパイを作ろう！

0 1 2 **3 4 5** 歳児

麺

〈 ラーメン 〉
紙ひも（白または黄）
白色のひもに絵の具で色を塗ると麺を作っている気持ちに！

〈 うどん 〉
PP荷造りロープ
そろえて入れるとより本物らしく！

〈 そば 〉
紙ひも（茶）

具材

〈 チャーシュー 〉
段ボールをハサミで切り、色を塗る

〈 エビ 〉
封筒に新聞紙またはティッシュペーパーを入れて巻き、シッポに色づけ

〈 薄あげ 〉
古封筒にティッシュペーパーを入れて、色づけ

〈 ナルト 〉
クッション材を楕円形に切ってフェルトペンで渦を描く

〈 たまご 〉
ガチャポンケースに色紙を入れティッシュペーパーを入れてかたどる

〈 かまぼこ 〉
クッション材を切り、赤、ピンクなどで縁取る

〈 ネギ 〉
色紙にのりを塗りながらえんぴつで巻くハサミで輪切りにする

※3歳児が遊ぶ場合は色画用紙や工作用紙など平面にしてかたどるだけ、もしくはかたどったものに模様を描くなど配慮すると楽しめます。

なぜナニ?! 年越しそば

0 1 2 **3 4 5** 歳児

大晦日の晩の年越し前に食べる年越しそばは、江戸時代に定着した日本の風習であり、そばはほかの麺類よりも切れやすいことから「今年一年の災厄を断ち切る」という意味があるそうです。ほかにも延命、長寿や金を集める縁起物として、健康を祈願して、などさまざまな言い伝えがあります。
年越しそばにまつわるお話を、年齢に合わせてしてみましょう。

そば・うどんやさんごっこ
(そば・うどん)ができたよ！
おいしい、こだわりのイッパイ！！

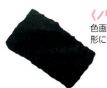

〈ノリ〉
色画用紙を長方形に切る。

イメージがふくらむ！ かかわりのコツ
好きな具材や食べたことのあるものなど子どもたちが知っている食材から準備してみましょう。話し合いながら、新しく考え出したメニューを追加していくのもいいですね。
またロープをそろえて入れるとうどんらしく見えるなど、本物をよく観察して、それぞれの特徴をつかみましょう。

保育のプチ講座

うどんさんごっこ イイネ～！

よ～く見てみると、発見がいっぱい！

子どもって麺類大好きですよね。単に、麺を入れて具材を入れて「はい！ できた」だけではもったいない！ かまぼこや、ナルト、丼など、よくよく見ると「こんなデザインしているんだ！」と感心させられることもしばしば。作ってなりきって、こだわりの一杯を！ また、乳児では「あっ！ ラーメンだ！」「まえたべたよ！」と子どもの声がちらほら。触ったり、においをかいでみたり、いろいろな楽しみ方をたんのうしてほしいですね。

ミニ麺やさん

0 1 2 3 4 **5** 歳児

給食でうどん、ラーメン、そばの配ぜんにチャレンジ！

おまたせしました～！

0 1 **2 3 4 5** 歳児

作った商品でお店やさんができますね。
ザルやトレイなど、キッチングッズを用意してみてもいいですね。

行事へのヒント たっぷり楽しんだ子どもたちに

作って並べているだけでも作品展に！ メニューの名前を添えるといいですね。「丼工場・ナルト」、「かまぼこ工場」、「製麺所」などを周りに置いて、みんなで協力してでき上がったようすを伝えるのもよいでしょう。

早くておいしい！ フードコートごっこ

第3章 お店やさん編 ▶ おいしいたべものやさん

おやつにピザ＆クレープを食べよう！

0 1 **2 3 4 5** 歳児

あそびと平行して、おやつの時間に食べてみよう！
準備物：食パン、ピザの具材、クレープ生地（市販のホットケーキのもとでも可）バナナなどの具材、ホイップクリーム

イメージがふくらむ！ かかわりのコツ
あそびと平行して調理員と連携し、おやつに作っていただきましょう。「何が載ってるかな？」「このトロ〜ンとしたものなんだろう？」など子どもと目の前のおやつを見ながら言葉のやりとりをして楽しみましょう。

ピザやさん

0 1 **2 3 4 5** 歳児

知っている野菜を載せて、チーズを載せて窯で焼いてでき上がり！
準備物：色画用紙、段ボールなど身近な素材
段ボールに穴をあけ、カラーセロハンをはる

アルミホイル

イメージがふくらむ！ かかわりのコツ
窯でピザを焼くときは目を離さず、長く置きすぎず、適度に取り出してお客さんに渡すようことばがけすると、なりきって遊んでいくでしょう。

フルーツクレープやさん
0 1 **2 3 4 5** 歳児

クリーム、果物、ソースを付けて甘〜いフルーツクレープの完成！
準備物：コピー用紙（乳児は色画用紙でも可）、色画用紙

フルーツスペシャルどうぞ〜！

円形に切ったコピー用紙に絵の具で色づけする

イメージがふくらむ！ かかわりのコツ
子どもたちに身近なものを連想しながら、乳児の場合「バナナのせて、イチゴのせて」と作る段階を共に楽しんでいくことが大切でしょう。

ココが楽しい！ ○○でおまちの これも！ あれも！

アイスやさん
0 1 2 **3 4 5** 歳児

3、4歳児と5歳児のやりとりを楽しみながら、アイスクリームとソフトクリームを、じょうずに作れるかな？

〈 アイスクリーム 〉 0 1 2 **3 4 5** 歳児
準備物：牛乳パック、ガチャポンケース（小）、色紙、色画用紙

色紙
色画用紙

切り取る
四角柱を作る
牛乳パック
ガチャポンケース

イメージがふくらむ！ かかわりのコツ
子どもたちも、目にしたり食べたりすることが多いと思います。お店番をしているときの作る方法やお客さんの声かけを大切に。どのように進めればいいのか保育者とやりとりをしてから進めましょう。

〈 ソフトクリーム 〉 0 1 2 **3 4 5** 歳児
準備物：レジ袋、モール

レジ袋の中にモールを立てて入れる
モールが入ってない部分は切り取る
端からくるくる丸める

くるくる巻いて形を整え、テープではってでき上がり！

保育のプチ講座

作る工程を知る

ここでは、手軽に食べることができるものをピックアップしてみました。手軽に食べることはできるが、作るとなるとひと苦労。そんな作り手の気持ちにも近づけるのではないでしょうか。作った方に感謝しながら食事をとることも、心を育てるのに大切だと思います。

フードコートごっこ ハンバーガーショップ

`0 1 2 3 4 5` 歳児

いろいろな具材を使ってハンバーガーを完成させよう！

準備物：ポリ袋、新聞紙、段ボール、色画用紙、色紙、梱包紙 など

〈バンズ〉新聞紙　〈トマト〉プチプチシート・色画用紙　〈レタス〉色画用紙　

〈目玉焼き〉色紙・画用紙

〈パイナップル・リンゴ・パテ〉段ボール片　

〈チーズ〉梱包紙

〈マヨネーズ〉色紙

イメージがふくらむ！ かかわりのコツ

ひとつのハンバーガーを作るためには、どの具材をどの順番に入れて作るのかの手順があります。図を見ながら確認して作っていくのは年長児だからこそできること。自信を持ってお店作りをしていきましょう。

行事へのヒント　たっぷり楽しんだ子どもたちに

麺やさんなど、食事のとれるあそびとつなげていきましょう。屋台風にしていくと夜店ごっこ、お祭りごっこにも拡大できます。作品展に転用するなど、さまざまな可能性を考慮し、取り組んでいきましょう。

色画用紙の縁を丸めてパスでこげ目をつける　色画用紙
〈ピーマン〉〈トマト〉〈タマネギ〉〈マッシュルーム〉
〈ベーコン〉段ボール片　〈ソーセージ〉〈コーン〉〈チーズ〉

フードコートごっこ
おきゃくさま～！
いろいろ食べたい！

ぜんぶたべてくれてありがとう　トマトチーズバーガー

フードコートごっこ おまたせしました～！

`0 1 2 3 4 5` 歳児

いろいろなお店が集まる空間で、お店やさんを開店してみよう！
お客さんが食べるスペースや、番号札を用意すると、一気に雰囲気が出ます。

イメージがふくらむ！ かかわりのコツ

「○ばんでおまちの～」を言う前に、タンブリンやスズを鳴らしてサインを送りましょう。これもお店の仕事です。

3ばんでおまちのおきゃくさま～　はーい！

第3章　フードコートごっこ　61

第3章 お店やさん編 ▶ おいしいたべものやさん

いろんなものを焼いちゃおう！

シェフ&マグロの解体ショーごっこ

ごちそう食材

0 1 2 3 **4 5** 歳児

とってもおいしそうなごちそうです。身近な素材で作ってみよう！

〈 ステーキ肉 〉
準備物：段ボール、プチプチシート

サーロイン　マグロステーキ　ヒレ

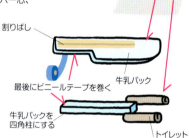

〈 ぎょうざ 〉
準備物：画用紙、ティッシュペーパー

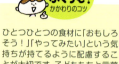

- ティッシュペーパー1/2を丸めて置く
- ホッチキスで留め、テープをはる
- クレヨンで焦げ目を描く

イメージがふくらむ！ かかわりのコツ

ひとつひとつの食材に「おもしろそう！」「やってみたい」という気持ちが持てるように配慮することが大切です。子どもたちと言葉のやりとりをしながら、「あれもいる、これもいる」と材料を集めて作っていきましょう。

調理アイテム

0 1 2 3 **4 5** 歳児

子どもたちのあそびに必要な道具を作ろう！お手伝いできるところはしてみよう！

〈 ステーキカット 〉
準備物：牛乳パック、割りばし、トイレットペーパー芯、アルミホイル、ビニールテープ

- アルミホイルで覆う
- 割りばし
- 牛乳パック
- 最後にビニールテープを巻く
- 牛乳パックを四角柱にする
- トイレットペーパー芯1/2

〈 ステーキカバー 〉
準備物：カップ焼きそばの容器、牛乳パック

牛乳パック / カップ焼きそばの容器

〈 ターナー・フライ返し 〉
準備物：牛乳パック、アルミホイル、ビニールテープ
- 2面を折り畳み、スコップの形に折る
- アルミホイルで包む
- 牛乳パック
- ビニールテープを巻く

〈 塩・コショウ 〉
準備物：トイレットペーパー芯、厚紙、アズキ、ペットボトルキャップ、ビー玉、画用紙、牛乳パック

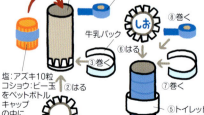

①入れる　②はる　③巻く　④ビニールテープ　⑤トイレットペーパー芯　⑥はる　⑦巻く　⑧巻く
牛乳パック　しお　画用紙
塩：アズキ10粒　コショウ：ビー玉　をペットボトルキャップの中に入れる

〈 ソース・レードル 〉
準備物：筒状の容器、牛乳パック、ガチャポンケース

ステーキソース
- 牛乳パックを切り取る
- ビニールテープで留める
- 三角柱を作る
- ガチャポンケース

ココが楽しい！

シェフって、
いろいろな道具と具材を使って、

シェフなりきりグッズ

0 1 2 3 **4 5** 歳児

かっこいいシェフの服を作ろう！

〈 コック帽 〉
準備物：A3コピー用紙

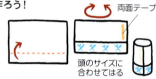

- 両面テープ
- 頭のサイズに合わせてはる

〈 スカーフ 〉
準備物：平ゴム、不織布
- 平ゴム
- 不織布を畳んで付ける

〈 エプロン 〉
準備物：不織布、スズランテープ、丸シール

丸シール　不織布　スズランテープ

イメージがふくらむ！ かかわりのコツ

身に着けるだけでかっこいいですが、オリジナルのユニホームにするため、デザインや飾りを付けていきましょう。ワンポイントや、帽子は青にするなど、子どもたちと話しながら進めていきましょう。

イメージがふくらむ！ かかわりのコツ

これがあればこのメニューができるかな？ と子どもの姿と道具とのマッチングを考慮しながらそろえていきましょう。
また、ひとつひとつの道具に子どもたちは興味津々。子どもたちができるところをお手伝いしてもらい、興味・関心を持って取り組んでいくようにしましょう。

保育のプチ講座

シェフ＆解体ショーごっこ イイネ～！

心躍る体験の再現を

いつもと違う雰囲気で、子どもたちも服装を正して、待つときも静かに、シェフも一生懸命、時にはそのようなあそびがあってもいいのではないでしょうか。落ち着きを持っておいしい食事をいただきましょう。
一方で、ダイナミックに大きな魚をさばく職人さんになりきるのもいいでしょう。

〈 ハンバーグ 〉
準備物：茶封筒、新聞紙、色画用紙

茶封筒を裏返す
新聞紙1/2を丸めて入れ、形を整える
絵の具を塗る

〈 お好み焼き 〉
準備物：段ボール、新聞紙、画用紙

段ボール
なまの状態を描く
プチプチシートを挟む
裏に焼けた状態を描く

〈 焼きそば 〉
準備物：毛糸、色画用紙

解体ショーごっこ
でっかいマグロの解体ショー！
0 1 2 3 **4 5** 歳児

大きい魚を調理してみよう！ 解体ショーのパフォーマンスにも！

準備物：段ボール、新聞紙、模造紙、面テープ

絵の具を塗る
面テープをはる
新聞紙で成形し模造紙で覆う
面テープ
はりつける

イメージがふくらむ！ かかわりのコツ

マグロの解体ショーを見たという子どもの声をきっかけに、また、みんなが口にしているマグロはこんなにも大きいんだよと伝えるいい機会でもあります。子どもといっしょに作ってもおもしろいでしょう！ ワクワクする気持ちや息づかいも聞こえてくることでしょう。

もくもくと……
どうだ～

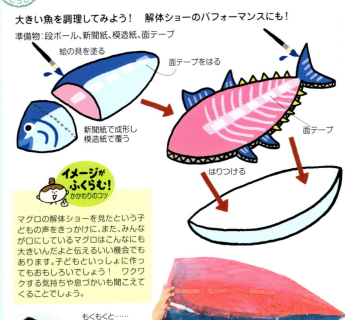

シェフ＆解体ショーごっこ
かっこいいな～！
最高級のおもてなしにチャレンジ！

シェフごっこ
ようこそ！ 鉄板レストラン
0 1 **2 3 4 5** 歳児

入ってワクワクドキドキする雰囲気づくりがポイント。各テーブルにシェフがひとりもしくはふたりぐらいついてお客様相手に食事をふるまえるようにします。鉄板焼きや少し高級な鉄板レストランなども！

てっぱんやきや

イメージがふくらむ！ かかわりのコツ

「ハンバーグと焼きそばセット」など、具材からできるメニューを考え、メニューブックを作ると楽しいです。

行事へのヒント たっぷり楽しんだ子どもたちに

鉄板焼きやさんの環境のままで、給食を食べてもいいでしょう。おもしろかった雰囲気をつなげていけます。近くのお魚やさんに行って、お魚をさばくところを見る機会を設けてもいいですね。きっと大興奮でしょう。魚が苦手な子どもが少しでも食べてくれるとうれしいですね。

第3章 シェフ＆マグロの解体ショーごっこ 63

第3章 お店やさん編 ▶ そのほかのお店やさん

楽しくなりきり・ワクワク変身
ミラクル変身ショップ

かんたんデコアクセサリー

身の回りの物などを使ってちょこっと工夫してステキなアクセサリーを作ってみよう！

〈ピン留め〉 0 1 2 **3 4 5** 歳児

ボタンやリボンを付けるだけのかんたんピン留め。
準備物：何も付いていないピン留め、ボタン、紙テープ

紙テープをねじる

イメージがふくらむ！ かかわりのコツ
ピン留めに合う大きさの身近でかんたんに入手できるものを、集めておくのが大切です。子どもたちが実際手に取って見るとイメージがわきやすくなります。「ここに○○すればかわいくなるよ」「どんなふうにしていきたいのかな？」など言葉のやりとりを進める中でひとりひとりの子どもが作りたいものを援助していきましょう。

おしゃれネイル 0 1 2 3 **4 5** 歳児

牛乳パックにお気に入りの飾りを付けてかんたんネイルにチャレンジ！
準備物：牛乳パック、スパンコール　など

はり合わせる　牛乳パック

「なにいろにしますか？」
「きいろにしてください」

イメージがふくらむ！ かかわりのコツ
お客さんと言葉のやりとりをしながらお客さんに似合うネイルを付けていきましょう。「こんなネイルがあったらステキだろうな…」という思いを大切にしながら作っていきましょう。

ココが楽しい！
あら？これいいじゃ
ちょこっと工夫でみんな

美容室なりきりグッズ 0 1 2 **3 4 5** 歳児

道具をそろえてお客さんの髪型をセットしよう！

「ここもきっておきますね。」
「おねがいします！」

こんな髪型OKショップ！ 0 1 2 **3 4 5** 歳児

いろいろな髪型を作って、おしゃれに楽しく変身してみよう！　次から次にいろいろな髪型を作りたくなるあそびです。

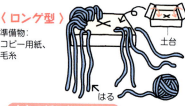

〈ロング型〉
準備物：コピー用紙、毛糸
土台
はる

土台の折り方はP77へ

〈三つ編み型〉
準備物：カチューシャ、毛糸、ビニールテープ

カチューシャ
ビニールテープで留める
毛糸を三つ編みにする

〈バンド型〉 準備物：色画用紙、厚紙

厚紙バンド
色画用紙をユニークな形に

〈クロス〉
準備物：カラーポリ袋、平ゴム、画用紙

平ゴム
画用紙
カラーポリ袋

イメージがふくらむ！ かかわりのコツ
型紙があったり、見本があると「あっ、こんなのしてみようかな？」と感じられます。ベースの部分ができてくると「もう少し変えてみよう！」と探究心がわいてきます。その思いを広げられるよう援助していきましょう。

イメージがふくらむ！ かかわりのコツ
乳児の場合は、保育者がセットするのがよいでしょう。道具の使い方のイメージがわかないようでしたらことばがけをしたり、効果音を言ったりします。

〈 ペンダント 〉 0 1 ②③④⑤ 歳児

紙粘土やペットボトルキャップにデコレーションしてペンダントに！

準備物：紙粘土、ゼムクリップ、ペットボトルキャップ、ビーズ、リボン

〈 指輪 〉 0 1 2 3 ④⑤ 歳児

キラキラ指輪を作っちゃおう！

準備物：モール、アルミホイル、ティッシュペーパー、カラーセロハン、ペットボトルキャップ

変身ショップ

ない！どう？にあう？

楽しい！ミラクルショップ！

どんどんひろがる ▶▶▶ P.66

- まねっこ美容室
- おっ！イイね〜

ちょっと変身グッズ 0 1 2 3 ④⑤ 歳児

耳が大きかったら、鼻が大きかったらなど、おもしろさが広がる変身グッズを作ってみよう！
夜店ごっこの「ちょこっと変身グッズのくじ引き」（P.71）の景品としても使えます。

準備物：ティッシュペーパーの空き箱、コピー用紙、色画用紙、不織布、発泡トレイ、輪ゴムなどの身近な素材

〈 ビッグ耳 〉
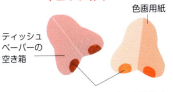
後ろに輪ゴムをはり付けると、装着できる

〈 ビッグ鼻 〉
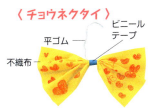
フェルトペンで鼻の穴を描く

〈 ひげ 〉 色画用紙

顔につけるときは、両面テープをはる

〈 チョウネクタイ 〉

平ゴム　ビニールテープ　不織布

〈 いろいろメガネ 〉

牛乳パックやティッシュペーパーの空き箱に、カラーセロハンを裏からはり付ける

紙コップ　外側に折り返す　色画用紙
1cmほど切り取る　目打ちで穴をあける
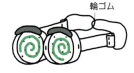
輪ゴム

〈 ハサミ 〉 準備物：厚紙、割りピン

厚紙／割りピン

〈 ドライヤー 〉
準備物：牛乳パック、色画用紙、トイレットペーパー芯、スパンコール、スズランテープ

〈 クシ 〉 準備物：牛乳パック、ビニールテープ

牛乳パック
切り取る
ビニールテープ
切り込みを入れる

下部の上辺をはり付ける

牛乳パック　スズランテープ
はる　色画用紙
スパンコール　トイレットペーパー芯

イメージがふくらむ！ かかわりのコツ

作ったら身に着けてみよう。鏡を見て「ニヤッ」とすればおもしろい証拠。「お耳大きいね」など子どもが作ったものをまず認め、そこから楽しくなるように「ここを広げてみる？」など声をかけていきましょう。

第3章 お店やさん編 ▶ そのほかのお店やさん

どんどんひろがる
ミラクル変身ショップ

保育のプチ講座　自己表現としてのあそび

いちばん身近な大人、つまりおとうさんやおかあさんのまねっこをしたり、テレビなどで見た登場人物に自分を似せようとしたりする子どももいるでしょう。自分ではない自分への変身願望は多少なりともありますよね。子どもたちと工夫をして、いつもとはちょっと違う自分を表現してはいかがでしょうか？

まねっこ美容室　⓪①②③④⑤歳児

あれれ？　あの人わたし？　枠だけの鏡を挟んで、向かい合って座ります。変身グッズを使って、鏡の向こうで同じように変身しちゃおう！

準備物：牛乳パック、画用紙

① 牛乳パックでⒶⒷの2種類を作る
② ⒶⒷを図のように重ね、並べる
③ 色画用紙をはり付けて完成
④ 下部は前面背面共に、支えになるものを置く

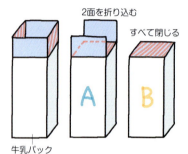
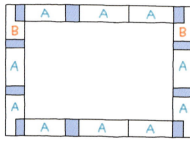

イメージがふくらむ！かかわりのコツ
「鏡に○○ちゃんが映るから、どうやって変身していくのか見ていてね！」など今からどんなふうに変身していくのかドキドキする期待感が持てることばがけがいいでしょう。また、ようすを見ながら「鏡に映っている○○ちゃんステキだね！」など少しオーバーリアクションでことばがけしてもいいでしょう。

おっ！　イイね〜　⓪①②③④⑤歳児

変身グッズを身にまとい、その姿でポーズを取ろう！　P.67のカメラごっことつなげてもOK。実際にデジカメで撮影してもおもしろいでしょう！

イメージがふくらむ！かかわりのコツ
記念写真を撮影してくれるお店のようにかんたんなステージや風景がある場所を設定し写真を撮ってみましょう。また、変身グッズを並べて選べるようにすればイメージもわきやすいでしょう。

行事へのヒント　たっぷり楽しんだ子どもたちに

園の行事はもちろんのこと、夏祭りや縁日ごっこにつなげてもいいでしょう。また、実際に撮影した写真をコピー用紙にプリントアウトして保護者の方に見ていただくのも楽しいものです。園で遊ぶようすがうかがえ、保護者の方も安心感を得たり、子どもとの会話にもつながることでしょう。

第3章 お店やさん編　そのほかのお店やさん

自分のカメラで写真を撮ろう！
カメラごっこ

保育のプチ講座　1枚の写真に思いをふくらませて

カメラごっこ　イイネ〜！　写真を撮って、場の雰囲気を楽しむのがカメラごっこ。思わず笑顔になってしまいます。とっておきの1枚を撮るためにカメラマンはイメージをふくらませ、モデルはジッとポーズを取るといいですね。

手作りカメラでハイチーズ

「しゃしんとるよ！　ハイチーズ！」この言葉のやりとりはふだんの生活の中でも多く使われます。自分で作ったカメラで繰り返し遊ぼう！

〈 折り紙カメラ 〉 0 1 **2 3** 4 5 歳児
準備物：色紙

折り方P.77へ

〈 ちっちゃいデジタルカメラ 〉 0 1 **2 3** 4 5 歳児
準備物：牛乳パック、割りピン（小）、ミニゼリーカップ、アルミホイル

- 割りピンを付けてシャッターボタンに
- 牛乳パックを折ってはり合わせる
- アルミホイル
- ミニゼリーカップ
- はる
- 入れる
- 裏面に作品をはると作品立てに！

〈 でっかいカメラ 〉 0 1 2 **3** 4 5 歳児

ほんとうにカメラマンになった気持ちが増す、そんなカメラです。きれいに撮れる、遠くも撮れる、など期待感を持って撮影しましょう。

準備物：ティッシュペーパーの空き箱、紙コップ、ペットボトル、ミニゼリーカップ、アルミホイル、厚紙

- ミニゼリーカップ
- 厚紙を切り、のぞき穴をあける
- ティッシュペーパーの空き箱
- 色画用紙などで装飾
- ペットボトルの底から5cm
- 紙コップ
- はる
- 裏
- 写真に見たてて描いた絵を中に入れる

イメージがふくらむ！ かかわりのコツ　保育者がポーズを取ったり「かわいく撮ってね！」「もう1枚撮って！」と声をかけたりして、ほんとうに撮っている気持ちになれるようにしましょう。

カメラを持ってカメラマン 0 **1 2 3 4 5** 歳児

自分だけのカメラを持って、写真を撮ろう！　何を撮ろうかな？　カメラにひもを付けて、首から下げると気分はカメラマン！

〈 保育室、園庭で 〉

とるよ〜ハイチーズ！　パチッ　おはなはっけんしました　カシャ

〈 モデルでハイポーズ 〉 ファッションショー（P.37）や記念撮影（P.66）でも大活躍！

色画用紙で作った腕章も！

イメージがふくらむ！ かかわりのコツ　「ハイチーズ！　カシャ！」だけでなく、モデルが気持ち良く撮影できるように褒めて褒めて褒めまくりましょう。

写真バリエーション

カメラをパシャリ、さてどんな写真が撮れたかな？　フレームを付けると、とっておきの1枚がさらに大切な写真になりますね。

〈 お絵描き写真 〉 0 1 **2 3** 4 5 歳児

ココが楽しい！カメラごっこ
笑って〜！ハイチーズ

写真って撮っても撮られてもうれしい。そんな気持ちをみんなで経験しよう！

とっておきの1枚に…

〈 はりはり写真 〉 0 **1 2 3 4 5** 歳児
準備物：色画用紙、台紙（四ツ切り1/8サイズ）

色画用紙にはって… 色画用紙で作ったついたてを、裏に付けて…

いけだゆうきゴールがきまったよ！

撮影タイトル、子どもの気持ちや思いを書く。名前も忘れずに

イメージがふくらむ！ かかわりのコツ　何を作ろうか思いつかない子どももいるでしょう。イメージしやすいものや、楽しい思い出をいっしょに思い起こせるように助言しましょう。また、「こんな写真撮りたいな」「お友達や自分の姿を写真にしよう」など気持ちを込められるような援助をしていくといいでしょう。

行事へのヒント　たっぷり楽しんだ子どもたちに

○○しゃしんてん

いろいろなカメラを作ってカメラやさんをしたり、手作りの写真を飾って写真展にしたりして作品展に！　子どもの興味を見ながら方向性を定めていきましょう。

第3章 お店やさん編 ▶ そのほかのお店やさん

あ～っ、どれたべようかな～、まよっちゃうーっ!
夜店(縁日)ごっこ

夜店(縁日)ごっこ ▶ もこかき　0 1 2 3 4 5 歳児

ポリ袋に色をつけてストローを留め、紙コップに入れるだけ！ お客さんがふくらませて氷の量を調整します。

準備物：紙コップ、ストロー、半透明のポリ袋

個人用にすること。店員はコップに入れて出すだけ。

イメージがふくらむ！ かかわりのコツ
何味を準備するかグループで話し合うと、期待感や製作意欲も高めていくことができます。紙コップにかき氷用のイラストを描いていくとさらにUP。本物のかき氷用のカップやその写真などを準備すると子どもたちも見ながらまねて製作していくでしょう。

夜店(縁日)ごっこ ▶ プチもろこし　0 1 2 3 4 5 歳児

プチプチシートがトウモロコシの一粒一粒に。油性フェルトペンで焼き色をつけて焼きトウモロコシのでき上がり！

準備物：新聞紙、画用紙、プチプチシート、油性ペン

画用紙／新聞紙／塗って焼き色をつける／プチプチシート／両端をテープで留める

イメージがふくらむ！ かかわりのコツ
トウモロコシの粒にひとつひとつ焼き色をつけるのも楽しい。少しずつできていくようすをいっしょに楽しみましょう。

どんどんひろがる ▶▶▶ P.72

夜店(縁日)ごっこ ▶ チケットやさん

ココが楽しい！
つくってたのしい
お店役の子どもとのやりとりも楽しい。

夜店(縁日)ごっこ ▶ りんごりんあめ　0 1 2 3 4 5 歳児

赤いアメをかじればシャリッとおいしいりんごあめ。セロハンの赤がおいしそう！

準備物：新聞紙、ストロー、カラーセロハン

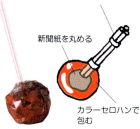
ストロー3本を束ねて差し込む／新聞紙を丸める／カラーセロハンで包む

イメージがふくらむ！ かかわりのコツ
リンゴの形を作っていくときに「リンゴってどんな形かな」と声をかけたり、実際に本物のリンゴを保育室に置いたりするのもいいでしょう。

夜店(縁日)ごっこ ▶ ポッていと&フランくるくるト　0 1 2 3 4 5 歳児

イメージがふくらむ！ かかわりのコツ
いろいろな長さ、太さがあってOK！ 子どもたちの想像するがままに、「つくりたい！」という意欲のまま作っていくのが楽しいです。

〈ポッていと〉
色画用紙で作るかんたんポテト！ 手でつまんで食べられる大人気のサクサクポテトです。

準備物：色画用紙、古封筒

色画用紙を巻き、畳んで起こして、もう一度畳んで立方体にする／短く切った封筒

〈フランくるくるト〉
お客さんの前で焼いて、アツアツを提供しましょう。 クルクル回して焼くのがコツ！

準備物：トイレットペーパー芯、曲がるストロー、色紙

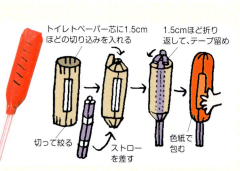
トイレットペーパー芯に1.5cmほどの切り込みを入れる／1.5cmほど折り返して、テープ留め／切って絞る／ストローを差す／色紙で包む

たこたこせんべい

夜店(縁日)ごっこ　0 1 **2 3 4 5** 歳児

青ノリを振るのがおもしろい！　タコせん型の段ボールに水のりをつけた筆で、名前を書く。がんばって細かく切った青ノリを振り掛けて完成‼

準備物：段ボール、画用紙

イメージがふくらむ！ かかわりのコツ
経験していないとなかなか表現できませんが、「こんなせんべいがあるよ！」と、調理室と連携して実際におやつとして食べてみるといいでしょう。

夜店(縁日)ごっこ
かってうれしい
実際に作ることもできるので楽しさ倍増！

たこやき〜の

夜店(縁日)ごっこ　0 1 2 3 **4 5** 歳児

新聞紙をクルクル丸めて、ティッシュペーパーで包みます。よく焼けたら絵の具で色づけして、おいしいアッツアツたこやきの完成！

〈たこやき〉　準備物：新聞紙、ティッシュペーパー、色画用紙

やきたてのたこやきどうぞ！

新聞紙をティッシュペーパーで包む

ペールオレンジに黄色を少し混ぜて塗り、茶系で焦げ目をつける
左右を重ねて留める
色画用紙　裏

保育のプチ講座　子ども同士のかかわりに注目！

夜店(縁日)ごっこ **イイネ〜!**

単に、「○○ください」「ありがとう」だけのやりとりではなく、店側・客側の両方が、期待感を持てることが大切。異年齢での活動にすると、お店番役の年長児はお世話したい気持ちが芽生え、「いくついるのかな？」「つくってみる？」と言葉をかけます。お客さん役の子どももももらうだけでなく、言葉を発し、お兄さんお姉さんがすることを見て成長するのです。子ども同士のやりとりを見て、成長を感じていきましょう。

わたあめっち

夜店(縁日)ごっこ　0 1 2 **3 4 5** 歳児

〈綿あめ〉
ストロー串にプチプチシートと毛糸を巻くだけ！　綿あめ機で作ってみよう。

準備物：ストロー、プチプチシート、毛糸

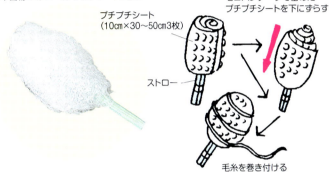

プチプチシート (10cm×30〜50cm3枚)
ストロー
セロハンテープで留めたプチプチシートを下にずらす
毛糸を巻き付ける

〈綿あめ機〉
準備物：ペットボトル、ラップ芯、トイレットペーパー芯、段ボール、ポリ袋

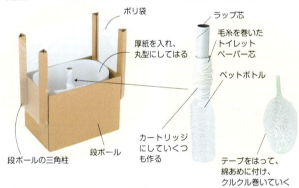

ポリ袋
厚紙を入れ、丸型にしてはる
ラップ芯
毛糸を巻いたトイレットペーパー芯
ペットボトル
カートリッジにしていくつも作る
段ボールの三角柱
段ボール
テープをはって、綿あめに付け、クルクル巻いていく

イメージがふくらむ！ かかわりのコツ
綿あめってどんなものか作る前に子どもと話をしてみよう。ふわふわ、甘い、白いなどいろいろな子どもの想像が言葉になって出てきます。その言葉を大切に、ふわふわにしあがるよう作ってみましょう。綿あめ機で作るときはしかけを子どもに伝えましょう。

〈鉄板〉
準備物：牛乳パック、卵パック、色画用紙

ビニールテープで留める
牛乳パック
黒色画用紙
卵パック
包む
卵パック
色画用紙
新聞紙

イメージがふくらむ！ かかわりのコツ
「本物みたい！」「早く食べたいな〜」と言葉をかけることが大切です。焼いて遊んでいるときも、たこやきを回す方法など伝えていくとおもしろいほど真剣に焼きますよ。

第3章　夜店(縁日)ごっこ　69

第3章 お店やさん編 ▶ そのほかのお店やさん

次はどれして遊ぶ?!
夜店（縁日）ごっこ

つりぼり

0 1 2 3 4 5 歳児

言わずと知れた定番あそびをちょこっとアレンジ！釣ったお魚の中身はな〜に？

準備物：古封筒、新聞紙、お菓子

※どれだけ釣り上げても、もらえるのは1匹だけにする。

イメージがふくらむ！かかわりのコツ
中身の見えないお魚のうれしいおまけ。「中にこんなものが入っているよ！」と声をかけると、期待感が高まります。

まと入れピンポ〜ン！

0 1 2 3 4 5 歳児

ピンポン玉を飛ばして的に入れよう！ ポイントを取ればお店のチケットをプレゼント！

準備物：バケツ6個、ピンポン玉5個、発射装置（紙コップ、輪ゴム、A5用紙1/2）

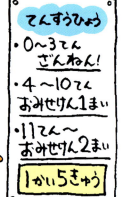

ココが楽しい！
あそんでヨシ！
あそびの中で子ども同士の関係性が深まる

どんどんひろがる ▶▶▶ P.72

- ころころビンゴゲーム
- パタパタうちわ

つんでつんでハイタワーゲーム

0 1 2 3 4 5 歳児

どれだけ高く積めるかな？
箱をみごと積み上げればプレゼントゲット！

準備物：いろいろなお菓子やティッシュペーパーなどの空き箱、イス

「ひっぱって」 「ポ〜ン！」

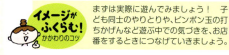

イメージがふくらむ！かかわりのコツ
まずは実際に遊んでみましょう！ 子ども同士のやりとりや、ピンポン玉の打ちかげんなど遊ぶ中での気づきを、お店番をするときにつなげていきましょう。

イメージがふくらむ！かかわりのコツ
空き箱を積み上げるだけではうまくいきません。空間認識や重力など、あそびの中でしぜんとかかわりを持ちます。どうすればうまく高く積み上げられるのか…、4・5歳児ならグループで取り組んでもいいでしょう。

ハサミでかたぬき

0 1 2 **3 4 5** 歳児

いろいろな抜き型を作っておきます。じょうずに切れるかな？
でき上がりでお店の人が判断します。景品アリ！

準備物：ティッシュペーパーの空き箱、コピー用紙、画用紙、色紙

※店番役の子どもが切り方を判断して各賞を決める。

保育のプチ講座 さまざまな経験が成長のきっかけに

夜店(縁日)ごっこ **イイネ〜！**

子どもの動きを、「静」と「動」を意識し、アクティブ系とじっくり系の2種類を紹介しています。異年齢でのかかわりなども期待できます。
お店の配置や、遊ぶスペース、準備物など子どもたちといっしょに決めていきましょう。

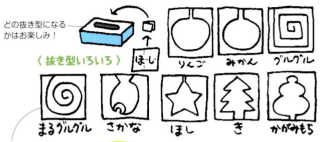

〈抜き型いろいろ〉
どの抜き型になるかはお楽しみ！
りんご／みかん／グルグル／まるグルグル／さかな／ほし／き／かがみもち

コピー用紙や画用紙に描いておく

イメージがふくらむ！ かかわりのコツ
「じょうずに切ることができれば何かもらえる…」「これほしい！」そんな気持ちでハサミあそびに取り組む機会もあってヨシ！

夜店(縁日)ごっこ 作ってヨシ！

（※お店は基本的に年長児に任せる方がいいでしょう）

プラ板かちかちホルダー

0 1 2 **3 4 5** 歳児

自分で描いた絵が、カチカチホルダーに！

準備物：プラ板(0.4〜0.5mm)、フェルトペン、オーブントースター、アルミホイル、クッキングシート、ひとつ穴あけパンチ、軍手

①プラ板の角を丸く切り、ひもを通す穴をあける
②好きな柄や文字を描く。
③オーブントースターで加熱する。
④ひもを通す。
※オーブントースターの操作は保育者が行ないます。

穴をあけ、ひもを通してキーホルダーに

イメージがふくらむ！ かかわりのコツ
「これやってみたい！」と思えるようにいろいろな作品例を並べておくといいでしょう。
保育者も補助に入りながら、ひも通しや色塗りの補助などを子どもに任せてもいいでしょう。

ちょこっと変身グッズくじ引き

0 1 2 **3 4 5** 歳児

くじ引きを引いて、ひげ、メガネ、付け毛、ほくろ、鼻、耳、などをゲットしよう！（P.65参照）

準備物：ティッシュペーパーの空き箱、コピー用紙、画用紙、毛糸、発泡トレイ　など

〈付け毛〉〈メガネ〉〈鼻〉〈ひげ〉〈ビッグ耳〉

イメージがふくらむ！ かかわりのコツ
子ども心に、「なんかいいな〜ほしいな〜」と思ってしまうようなお店です。ちょこっと変身すれば自分もおもしろい、みんなもおもしろい、明るい雰囲気にさせてくれます。「こんなのどう？」と保育者自身が変身してもいいでしょうね。そんな先生はステキです。

第3章　夜店(縁日)ごっこ　71

第3章 お店やさん編 ▶ そのほかのお店やさん

どんどんひろがる
夜店（縁日）ごっこ

ころころビンゴゲーム
0 1 2 3 4 5 歳児

数字をねらって、新聞紙ボールを転がそう！ コツをつかんで、プレゼントをゲットしよう！

準備物：新聞紙、色画用紙、画用紙、積み木

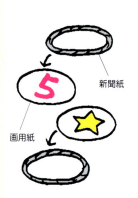

- 新聞紙
- 画用紙

1 ビンゴ かみひこうき
2 ビンゴ パクパク
3 ビンゴ だましぶね
ざんねん いろがみ 2まい
1かい 5きゅう

ひとり5きゅうだよ
積み木
えいっ！
丸めた新聞紙を色画用紙などで包む
がんばれ〜！！

イメージがふくらむ！ かかわりのコツ
ビンゴのルールを理解するきっかけとして、紙に升を描き、好きなアニメやキャラクターの名前を書いてビンゴあそびをしてもいいですね。お店番役の子どもも理解して取り組めるので、ちょっとしたアドバイスを異年齢児に送ることにもつながっていきます。

チケットやさん
0 1 2 3 4 5 歳児

パンチで穴をあけ、ひもを通す

お店の名前と、イラストを描くだけ。
行った場所には、スタンプや穴あけパンチで印を付けるといいでしょう。
行ったお店、まだ行っていないお店がひと目でわかり、記念品にも！

準備物：画用紙、ひとつ穴パンチ

画用紙にお店の情報を書いて、縮小コピーする

パタパタうちわ

0 1 2 3 4 5 歳児

自分のうちわを作ってみよう！
盆踊りに持って行こう！

準備物：うちわ、障子紙、フェルトペン、霧吹き　など

ぬるま湯につけてはがす

障子紙をのりではり付ける

絵を描いたり、にじみ絵をしたりする

パタパタ〜

シュッ

イメージがふくらむ！ かかわりのコツ
保育者があらかじめ作ったものを置いておき、「わたしも、ぼくもつくりたい！」と意欲的に取り組むことができればいいですね。

行事へのヒント　たっぷり楽しんだ子どもたちに

保護者会や職員が協力し、縁日大会などを開くのもいいでしょう。子どもがごっこあそびで作ったものが本物のお店やさんにあれば喜びも増すでしょう。

お店やさんごっこ　盛り上げアイディア

準備中に、お客さんとのやりとりに…、いつものお店やさんごっこにひと工夫！
お店やさんごっこがもっと楽しくなる盛り上げアイディアを紹介します。

1 チラシをチェック☆

近隣のスーパーやお店やさんのチラシを、子どもたちの目に留まるところにそっと置いてみましょう。商品のバリエーションの参考になるのはもちろん、値段の違いに気づいたり、数字に興味を持ったりするいいきっかけになるので、オススメです。

2 お金の代わりに…

子どもたちにとって、お金の価値はなかなかわかりにくいものです。大量に集めることができる、ドングリやペットボトルキャップなどをお金の代わりにするとおもしろいですよ。もちろん、子どもたちの興味・関心に合わせて、手作りのお金を使ってもOK（財布の作り方、紙幣・コインの型紙はP.78）。

3 宣伝方法を考えよう！

チラシやポスターを作って、お店を知ってもらう方法を考えるのも楽しいですね。郵便やさんごっこ（P.28〜）の郵便やさんに、各クラスに配ってもらったり、見てもらいやすい場所にポスターをはったりと、どうしたらお客さんに来てもらえるか、子どもたちといっしょに考えてみましょう。

4 お客さんに喜んでもらうには？

お店やさんと、お客さんとのやりとりを大切にしましょう。どうしたら来てくれたお客さんが喜んでくれるのか、子どもたちといっしょに考えてみましょう。欲しいものを聞いたり、感謝の気持ちを伝えたり、おもてなしの気持ちを大切にしたいですね。「○個以上ならくじ引きができる！」などうれしい特典を付けても楽しいですね。

エピローグ

作品展 発表会 運動会

3大行事もごっこあそびから…!!

3大行事が近づいてくると、何をしようかと考えますよね。実はごっこあそびには、「行事へのヒント」がたっぷり！ 子どもたちが存分に楽しんでいるごっこあそびから、行事への展開を考えてみませんか？

作品展なら…

つながるごっこあそびの要素
- イメージする
- 作る
- 表現する
- ○○みたい！
- イメージどおりに作れた！
- 友達といっしょに！
- など

なるほど！ パンやさんになりきって、思い思いに作ったようすが伝わってきます。

発表会なら…

つながるごっこあそびの要素
- イメージする
- なりきる
- 見てもらいたい
- 表現する
- まねする
- 友達といっしょに！
- セリフを言う
- 作る
- など

ほんとうだ！これもごっこあそびだ。

運動会なら…

つながるごっこあそびの要素
- イメージする
- ○○になりたい！
- まねする
- 表現する
- 友達といっしょに！
- など

ほらね。ごっこあそびをヒントに行事を考えると、いろいろアイディアが出て、楽しいよ！

作品展でごっこあそびを園全体のテーマにもできますよね…！園長先生に提案してみようかな…？

そうだね。保護者に他クラスも見てもらえる、いいきっかけになるはずだよ!!

最後に…

ごっこあそびでの経験や、育ってきた力は、必ず行事への姿につながっているはずなんだ。だからこそ、日々の保育を十分に楽しむことが大切だよ。

行事をきっかけにあそびがもっと広がることもあるよね。行事が終わっても、子どもたちのあそびはずっと続く、ということを忘れないでね！

はーい!!

■作り方・折り方・型紙

■作り方　P.31 消防士ごっこ ヘルメット

3本の牛乳パックを広げて、下記のように切り離す（⑦×10、⑦×4、⑨×1、⑨×2、⑨×1）。ホッチキスで留めるときは、外側に針の先がくるようにする。

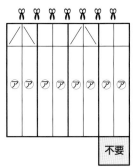
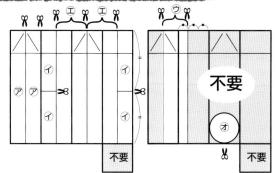

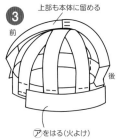
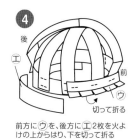
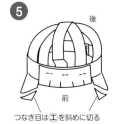

■折り方　記号

- ------------ 谷折り
- ────── 山折り
- ↷ 前へ折る
- ↶ 後ろへ折る
- ⌒ 折り筋をつける
- ⟲ 巻くように折る
- ↻ 裏返す
- ⟳ 向きを変える
- ⇐ 差し込む
- ⇐ 開く

P.40 忍者ごっこ 手裏剣

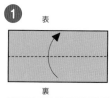
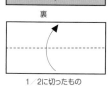
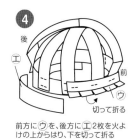

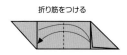
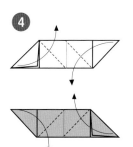
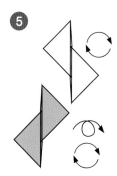

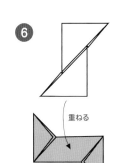
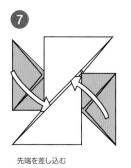
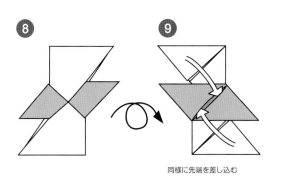
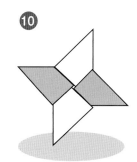

76

P.57 なりきりグッズ
P.64 ミラクル変身ショップ ロング型（土台）

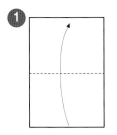
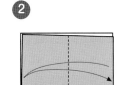
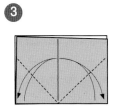
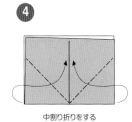
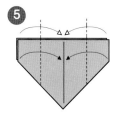

中割り折りをする

巻くように折る
裏側も同様に

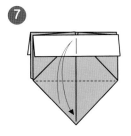
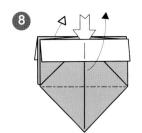
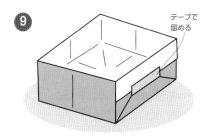

テープで留める

P.67 カメラごっこ 折り紙カメラ

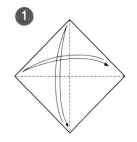
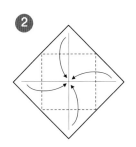
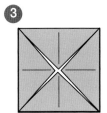
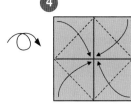
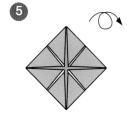

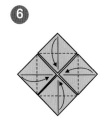
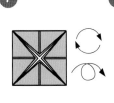
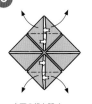
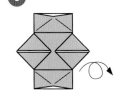

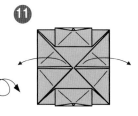

上下の袋を開く

1枚ずつ広げる

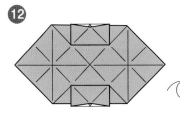
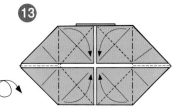
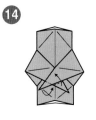
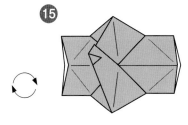

4つの角をつまむように中央に集める

P.73 財布

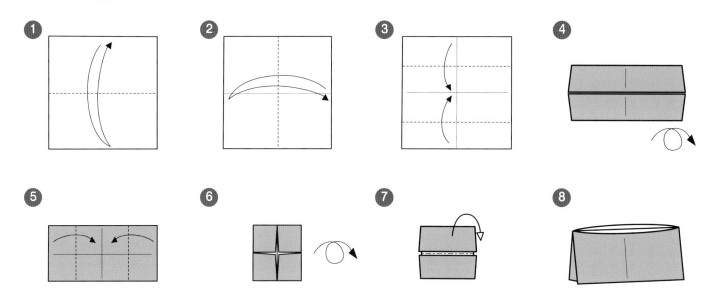

■型紙　P.73 おかね

原寸でコピーすると上記の財布に入る大きさです。
金額や顔など、自由に描いてお使いください。

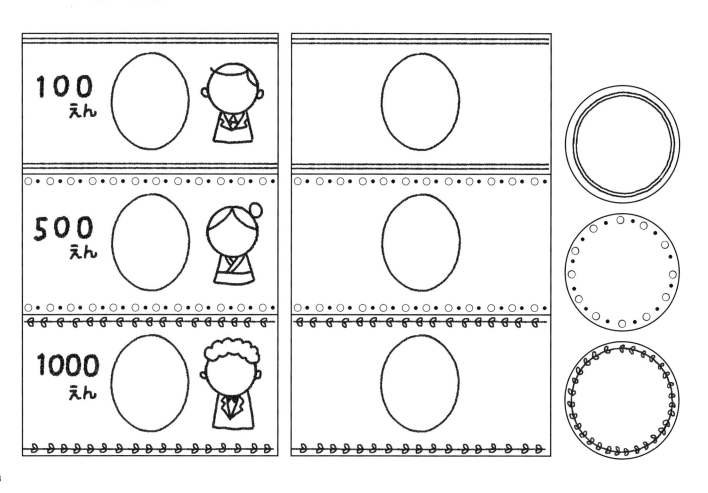

P.45 おはなしごっこ 王冠・ティアラ　原寸でコピーしてお使いください。

▲王冠

▲ティアラ

著者　小倉 和人
（おぐら　かずひと）

KOBEこどものあそび研究所　所長　など

保育士として法人保育園を中心に計4か所、17年の勤務経験がある。その後、子どものあそびと育ちを考える、KOBEこどものあそび研究所を立ち上げる。

運動あそびの指導では、幼児のみならず乳児クラスも行ない、それぞれの年齢と発達に合ったあそびを実践し、好評を得ている。その他にも親子あそびの指導や、子育て支援の観点から地域のパパ・ママといっしょに親子あそびを楽しむイベントを数多く行なっている。

また、乳幼児のあそびに身近なものを使って取り組むことにも力を入れ、『楽しい・カンタン・おもしろい！』あそびを保育雑誌などに執筆している。執筆したものや、新たに生まれたあそびをもとに、研修会や幼稚園・保育園・認定こども園の親子、小学校保護者向け、孫育て世代の方向けの講演会も行なう。

主な著書に、『0・1・2　3・4・5歳児の　たっぷりあそべる手作りおもちゃ』、共著に『遊びっくり箱』『運動会ラクラク！イキイキ！種目集』『0・1歳児のあそびライブ96』（共にひかりのくに）、『0〜5歳児の発達にあった あそびパーフェクトBOOK』（ナツメ社）がある。

STAFF

- ●本文デザイン……小林真美
- ●DTP……………レターズ・沖恵子・大西昇子・一方隅浩
- ●作品製作…………小倉和人・あきやまりか・イケダヒロコ・いとうえみ・くるみれな・降矢和子・むかいえり・shoko・minami
- ●イラスト…………今井久恵・北村友紀・常永美弥・とみたみはる・ナシエ・仲田まりこ・ひろいまきこ・みやれいこ・やまざきかおり
- ●写真モデル………株式会社クラージュ（伊佐栄俐・伊佐皆音・吉川史桜）
- ●撮影………………佐久間秀樹
- ●校正………………永井一嘉
- ●企画・編集………山田聖子・安藤憲志

※本書は『月刊 保育とカリキュラム』2016年11月号別冊附録に一部編集を加え、改題し、単行本化したものです。

本書のコピー、スキャン、デジタル化等の無断複製は著作権法上での例外を除き禁じられています。本書を代行業者等の第三者に依頼してスキャンやデジタル化することは、たとえ個人や家庭内の利用であっても著作権法上認められておりません。

保カリBOOKS㊿
0〜5歳児
ごっこあそびアイディアBOOK

2017年　9月　初版発行
2022年　3月　第4版発行

著　者　小倉 和人
発行人　岡本 功
発行所　ひかりのくに株式会社
　〒543-0001　大阪市天王寺区上本町3-2-14
　TEL06-6768-1151（代表）　郵便振替00920-2-118855
　〒175-0082　東京都板橋区高島平6-1-1
　TEL03-3979-3111（代表）　郵便振替00150-0-30666
　ホームページアドレス　https://www.hikarinokuni.co.jp
印刷所　大日本印刷株式会社

©Kazuhito Ogura 2017
Printed in Japan
ISBN978-4-564-60907-7
NDC376　80P　26×21cm